"O poder da oração é o maior poder da igreja. Obrigado, Sheila, por lembrar-nos de recorrer ao privilégio da petição."

Max Lucado, pastor e autor *best-seller*

"Em *Mulher de oração*, Sheila nos lembra de que a oração é uma das maiores armas que temos para combater a escuridão no nosso mundo. Este livro desafiará você a refletir sobre a oração de maneira nova — enraizada não em quem nós somos ou queremos ser, mas em quem Deus é."

Christine Caine, autora *best-seller* e fundadora da Campanha A21 e da organização Propel Women

"Tenho amor e respeito tremendos por Sheila. Ela tem uma capacidade notável de se conectar com outros por meio de suas lutas, e, ao fazê-lo, ela nos lembra de que não estamos sozinhos. Neste livro, Sheila compartilha a confusão e as perguntas com que lutou e as verdades sobre a oração que ela descobriu como resultado disso. Acredito que essas verdades têm o poder de despertar a mulher de oração dentro de você!"

Lisa Bevere, autora *best-seller* pelo *New York Times*

"Às vezes não sabemos por que ou nem mesmo como orar. Mas a oração é nossa linha direta com Deus. Felizmente, Sheila nos ajuda a entender 'como orar quando você não sabe o que dizer'. *Mulher de oração* guiará você na maior jornada da sua vida, ensinando a perseverar em oração, não importa o que aconteça. É um dos melhores livros que você pode ler. Eu recomendo!"

Dr. Jack Graham, pastor sênior da Igreja Batista de Prestonwood

"Martinho Lutero escreveu: 'Ser cristão sem oração é tão impossível quanto viver sem respirar'. E é disso que Sheila nos lembra tão lindamente neste livro: oração não é alguma disciplina religiosa sem graça; é a chave incrível para a intimidade com nosso Criador Redentor. Mesmo sem palavras, a postura da oração coloca-nos por inteiro na presença daquele que nos ama incondicionalmente. Aquele em quem podemos obter refúgio e descansar durante tempos de dificuldade."

Lisa Harper, autora e professora bíblica

"A coisa mais maravilhosa que podemos fazer por Deus e por outros é orar. Sheila Walsh é uma poderosa mulher de oração, e, por isso, seu livro não só é vital a cada mulher que o lê, mas ele também transformará o mundo, porque oração transforma o mundo."
    Jeremiah J. Johnston, Ph.D., presidente da Christian Thinkers Society

"Antes de ver, você precisa dizer. E, antes de dizer, você precisa orar sobre isso. O poder não está na situação — está na mulher de oração!"
    Sarah Jakes Roberts, pastora, autora *best-seller* e fundadora do movimento Woman Evolve

"Esta é uma leitura extraordinária! Sheila fala diretamente ao âmago das questões que as filhas de Deus vivenciam quando se trata de oração. Não importa em que ponto você esteja em sua jornada espiritual, *Mulher de oração* ajudará sua vida de oração a ascender à medida que você passar a conhecer Deus de forma mais íntima e pedir a ele que faça o maravilhoso."
    Julie Clinton, presidente da iniciativa Extraordinary Women Ministries

Mulher de Oração

Título original: *Praying Women*
Copyright © 2020 por Sheila Walsh
Copyright da tradução © 2020 por Vida Melhor Editora Ltda.
Edição original por Baker Books. Todos os direitos reservados.
Todos os direitos desta publicação reservados por Vida Melhor Editora Ltda.

Publisher	Samuel Coto
Editores	André Lodos e Bruna Gomes
Tradução	Markus Hediger
Copidesque	Carla Morais
Revisão	Eliana Moura Mattos
Adaptação de capa e projeto gráfico	Filigrana

Os pontos de vista desta obra são de total responsabilidade da autora, não refletindo necessariamente a posição da Thomas Nelson Brasil, da HarperCollins Christian Publishing ou de sua equipe editorial.

As citações bíblicas são da *Nova Versão Internacional* (NVI), da Bíblica, Inc., a menos que seja especificada outra versão da Bíblia Sagrada.

Dados Internacionais de Catalogação na Publicação (CIP)

W19m   Walsh, Sheila
1.ed. Mulher de oração: como orar quando você não sabe o que dizer / Sheila Walsh; tradução de Markus Hediger. – 1.ed. – Rio de Janeiro: Thomas Nelson Brasil, 2020.
192 p.; 15,5 x 23 cm.

Tradução de: Praying woman
Inclui bibliografia.
ISBN: 978-65-56890-10-4

1. Oração. 2. Vida cristã. 3. Devocional. 4. Mulheres. I. Hediger, Markus. II. Título.

7-2020/92   CDD 248.843
                                                    CDU 2-53

Bibliotecária responsável: Aline Graziele Benitez CRB-1/3129

Thomas Nelson Brasil é uma marca licenciada à Vida Melhor Editora Ltda.
Todos os direitos reservados à Vida Melhor Editora Ltda.
Rua da Quitanda, 86, sala 218 - Centro
Rio de Janeiro, RJ - CEP 20091-005
Tel.: (21) 3175-1030
www.thomasnelson.com.br

Mulher de Oração

COMO ORAR
QUANDO VOCÊ NÃO
SABE O QUE DIZER

SHEILA WALSH

Tradução de Markus Hediger

Dedico este livro com amor à minha amiga Jennalee Trammel, uma mulher que entende a dor da vida e o poder da oração.

Sumário

Introdução   11

1. Ore quando você não sabe o que dizer   17
   A mulher de oração sabe que pode começar por onde ela está.

2. Ore porque Deus está esperando por você   33
   A mulher de oração sabe que Deus a está ouvindo neste exato momento.

3. Ore... e não desista   49
   A mulher de oração nunca para de orar até receber a resposta de Deus.

4. Ore ainda mais quando é mais difícil orar   65
   A mulher de oração insiste em orar mesmo quando a vida é dura.

5. Ore em sua dor   81
   A mulher de oração ora quando está em sofrimento até que ele se torne sua autoridade.

6. Ore quando Deus parece estar calado   97
   A mulher de oração confia em Deus no silêncio e no não saber.

7. Ore com o poder da Palavra de Deus   113
   A mulher de oração não confia em sua própria força, mas no poder da Palavra de Deus.

8. Ore vestindo sua armadura   129
   A mulher de oração veste toda a armadura de Deus, confiando nas promessas dele.

9. Ore quando você precisa de um grande avanço   149
   A mulher de oração sabe que o maior avanço ocorre em seu próprio coração.

10. Ore com uma postura de vitória   165
    A mulher de oração sabe que a batalha já foi vencida.

Conclusão   182

Agradecimentos   187

Notas   189

Introdução

> Eu oro porque não posso evitar. Eu oro porque sou impotente. Eu oro porque a necessidade flui de mim o tempo todo, esteja eu desperto ou dormindo. A oração não muda Deus. Ela muda a mim.
>
> C. S. Lewis

A oração começou a me confundir quando eu tinha uns seis anos de idade, e tudo isso por causa de uma história que minha mãe me contou sobre meu avô.

Meu avô escocês era um homem de poucas palavras. Para ele, havia uma e apenas uma maneira de fazer a maioria das coisas. Quando se tratava da oração antes das refeições, ele conhecia a fórmula, e ela era muito simples, recitada com um forte e solene sotaque de um personagem do filme *Coração valente*: "Pelo que estamos prestes a receber, pedimos que o Senhor nos deixe *verrrrrrrdadeiramente* agradecidos. Amém." Fim. Era assim que se fazia isso. Esse era *o* jeito de orar.

Certo dia, porém, minha querida vovó perguntou ao meu avô se ele contemplaria a possibilidade de expandir um pouco a sua oração padrão de toda uma vida. Era um dia importante para a família, e ela queria que a oração dele refletisse isso. Como você pode imaginar, a coisa deu errado.

Missionários da África viriam comer na nossa casa após uma palestra na igreja, e a vovó tinha feito tudo o que estava ao alcance dela para os convidados de honra. Os pratos de porcelana que ela tinha recebido como presente de casamento, os talheres de prata e um vaso de cristal com rosas de seu jardim foram usados para preparar o palco. Tudo era fresco e novo... com exceção de uma coisa: meu avô.

"William, tudo está perfeito para os nossos convidados especiais. Antes de comermos, você acha que conseguirá fazer uma oração um pouco mais profunda, algo maior, algo... mais longo, por favor? Quero que essa visita seja perfeita."

Ele resmungou em voz alta, e foi isso. Era impossível saber se era um resmungo afirmativo ou não. Apenas o tempo diria.

Quando os convidados vieram e se sentaram à mesa, a hora tinha chegado. Era o grande momento do meu avô.

Ele aclarou a voz e curvou a cabeça. Houve uma pausa significativa. E, então, isto: "Pelo que estamos prestes a receber..." A mesma frase velha que ele recitava todos os dias. A essa altura, minha avó lhe deu um chute sutil, ok... um chute forte embaixo da mesa. Houve uma pausa óbvia e, dessa vez, desagradável. Então veio o grande desfecho.

"Pedimos que o Senhor nos deixe *verrrrrrrdadeiramente* agradecidos e... e... e... ajuda-me a ser um bom menino!"

Minha mãe me contou que riu tanto, que caiu da cadeira. Disse que vovó fez um barulho como se alguém se sentasse numa gaita de foles. Meu avô, por sua vez, não achou nenhuma graça. Ele tinha sido obrigado a se desviar de sua fórmula habitual, e tudo tinha dado errado a partir daí.

Após ouvir essa história como criança, eu comecei a ficar muito preocupada com toda essa coisa de oração. E se eu tivesse de orar na frente de outras pessoas e esquecesse minha fala? Era evidente que havia uma maneira certa e uma maneira errada de fazer isso. E se eu errasse?

Refleti muitas vezes sobre essa história depois de adulta e sorri diante do final infantil que meu avô acrescentou à sua oração. O que ele fez foi combinar duas orações que ele conhecia, a oração de graças e a oração que ele fazia todas as noites quando criança, que diz mais ou menos o seguinte:

Obrigado por este dia,
protege-me nesta noite,
ajuda-me a ser um bom menino,
em nome de Jesus. Amém.

Entendo o pânico do meu avô. Orar pode ser intimidador, especialmente orar em voz alta na frente de estranhos. Acrescente o pedido de uma improvisação, e quem sabe o que pode dar errado!

Quando criança, minha oração antes de dormir costumava ser assim:

Jesus, doce Pastor, ouve-me.
Abençoa teu pequeno cordeiro nesta noite.
Fica próximo de mim na escuridão.
Mantém-me segura até o dia clarear.

Deitada sob um quadro que retratava Cristo segurando um cordeiro, eu nunca sabia ao certo se estava orando por aquele cordeiro ou por mim, mas eu fazia aquela oração fielmente todas as noites.

Adoraria poder dizer que, nos anos seguintes, eu me tornei uma grande guerreira de oração, mas isso não é verdade. Muitas vezes, eu não sabia como nem o que orar. Se Deus já tinha decidido o que aconteceria, que diferença minhas orações podiam fazer?

No entanto, esse não é o único problema, é? Se formos brutalmente honestas, às vezes achamos nossas orações entediantes ou repetitivas. Nós nos distraímos, e nossos pensamentos vagueiam. Sabemos que orar é importante, mas temos dificuldades de orar, e então nos sentimos culpadas e nos perguntamos o que há de errado conosco. Às vezes, isso nos leva a questionar nosso compromisso com Deus. E mais que isso: será que Deus ouve nossas orações e responde?

Antes de começar a escrever este livro, fiz uma rápida pesquisa em minha página no Facebook, pedindo que minhas leitoras compartilhassem suas experiências com a oração. Dentro de duas horas, recebi mais de 650 comentários, muitos expressando as mesmas dificuldades.

Eu me distraio.
Sinto como se estivesse sempre dizendo as mesmas coisas.
Para que orar se Deus já sabe o que vai acontecer?
Como posso saber o que devo orar?
Eu fico entediada.
Como posso saber que Deus me ouve?

Não recebi nenhuma resposta da última vez, por que então orar?
Sinto-me como se Deus me odiasse!
Estou deprimida demais para orar.

E este comentário apareceu de novo, e de novo, e de novo:

Não consigo me concentrar; meus pensamentos vagueiam.

Eu entendo. E o mais importante: Deus entende. Houve muitos períodos escuros em minha vida nos quais tive dificuldade de orar. É por isso que escrevi este livro. Após anos tentando ser perfeita, comecei a entender que Deus não busca nossa perfeição. Ele deseja nossa presença. Escrevi muitos livros ao longo dos anos, mas acredito que nenhum deles tenha tido um impacto pessoal tão forte quanto este.

Há tanta coisa que quero compartilhar com você! O Espírito Santo quer ensinar-nos a orar e mostrar-nos também que a coisa não é tão complicada como imaginamos. Também acredito que temos um inimigo que fará tudo o que puder para nos distrair e impedir que oremos. Se nós nos esquecemos do poder da oração, ele não esqueceu, mas não estamos sozinhas!

> Da mesma forma o Espírito nos ajuda em nossa fraqueza, pois não sabemos como orar, mas o próprio Espírito intercede por nós com gemidos inexprimíveis. E aquele que sonda os corações conhece a intenção do Espírito, porque o Espírito intercede pelos santos de acordo com a vontade de Deus. (Romanos 8:26,27)

Essa é uma notícia maravilhosa!
Sou muito grata por você ter escolhido este livro. Neste exato momento, faço uma pausa para orar por você. Peço que o Espírito Santo abra seus olhos para que veja a verdade e seus ouvidos para que ouça a voz do Senhor. Se você se sentiu tentada a desistir da oração, saiba que não está sozinha. Isso não significa que você não ame Jesus. Pode simplesmente significar que você, como meu avô, acredita que haja uma maneira correta e uma maneira errada de orar. Ou talvez você esteja cansada de dizer as mesmas coisas

repetidamente. Talvez você tenha orado e Deus não tenha respondido, então você se pergunta: *Por que continuar orando?*

Qualquer que seja seu desafio, eu quero lembrá-la de que Deus não espera palavras perfeitas ou pessoas perfeitas. Ele só quer nosso coração. Juntas, então, analisaremos como orar quando não sabemos o que dizer, como atravessar nossa dor em oração, como orar as promessas de Deus sobre nossa vida, como orar quando precisamos de uma conquista e, talvez o ponto mais transformador de todos, como orar usando a própria Palavra de Deus. Essa prática por si só está transformando minha vida. Posso orar por você?

Pai,

Oro agora por aquela que está lendo estas palavras. Se ela estiver cansada, dá-lhe descanso. Se estiver ferida, traze-lhe cura. Se estiver com o coração sofrido, traze a paz. Se ela se sentir condenada, traze-lhe a tua graça. Queremos ser mulheres de oração, em nome de Jesus. É em nome dele que peço essas coisas. Amém.

CAPÍTULO UM

Ore quando você não sabe o que dizer

A mulher de oração sabe que pode começar por onde ela está.

> Na oração, é melhor ter um coração sem palavras do que palavras sem um coração.
>
> JOHN BUNYAN

> E quando orarem, não fiquem sempre repetindo a mesma coisa, como fazem os pagãos.
>
> MATEUS 6:7

Algum dia, eu adoraria ser o tipo de escritora que se esconde em uma cabana à beira-mar por alguns meses e escreve à vontade entre xícaras de chá e caminhadas na praia, ao pôr do sol, com seus cachorros bem-comportados. Por ora, fico grata quando tenho alguns dias em que posso escrever em casa sem ser interrompida. Eu nunca aprendi a datilografar na escola, por isso digito todos os meus livros com dois dedos. Se você se perceber ao meu lado numa cafeteria, mudará de lugar. Mesmo que ache que gosta de mim, você se afastará. Quando me empolgo, minha digitação produz o som de um pica-pau demente. Parece que, para o resto do planeta, é melhor que eu escreva em casa.

Nesse dia específico, os cachorros estavam dormindo e Barry estava lavando nossa roupa. Eu me sentei à escrivaninha no escritório, abri meu *laptop* e procurei a pasta que eu tinha criado recentemente. Digitei "Mulher de oração", e nada apareceu! *Isso é estranho*, pensei. Tentei "Mulheres que oram", e nada. Simplifiquei minha busca e digitei "Oração", e tudo que encontrei foi um texto que tinha escrito para uma revista no ano anterior. Onde estava meu arquivo? Como páginas e páginas de trabalho árduo podiam simplesmente desaparecer? Aquela tal de nuvem não servia para manter tudo em segurança no céu?

Eu vinha pesquisando para este livro havia dois anos, em meio a uma agenda apertada de viagens e televisão, e, agora, o prazo de entrega para o manuscrito completo aproximava-se rapidamente. Eu tinha passado meses em aviões e hotéis lendo, orando e fazendo anotações em cadernos. Eu tinha estudado passagens bíblicas que falam sobre a oração e sabia o que cada capítulo deveria dizer. Durante uma escala de oito horas num aeroporto poucas semanas antes, eu tinha reunido todas as minhas anotações escritas ao longo dos meses e finalmente digitado algo num documento que eu tinha salvo sob... sob qual título? Quando abri meu *laptop* e digitei "Mulher de oração" e nada apareceu, entrei em pânico. Como podia ter desaparecido? Reclinei na cadeira e respirei fundo. Eu não sabia o que dizer. A perda era avassaladora. Então, saiu da minha boca uma única palavra. Gritei um único nome: "Jesus!"

Minha oração simples naquele momento foi uma palavra: "Jesus!"

Eu levantei minhas mãos para o céu e repeti seu nome. "Jesus!"

Algumas pessoas usam esse nome casualmente ou até mesmo como palavrão, mas, para mim, é o nome que invoco nos meus melhores e piores momentos, quando a vida está caindo em pedaços ou quando tudo começa a se encaixar. Eu não tive muitas palavras sofisticadas naquele dia. Somente uma. O nome dele. Um nome que me conectava com a fonte da paz.

Barry, meu marido, estava na lavanderia, e, quando ouviu meu grito, veio correndo até o escritório para ver se eu tinha sido arrebatada.

— Você está bem? — ele perguntou.

— Estou bem — eu disse, acenando com a cabeça e sorrindo.

Quando você perde tudo o que escreveu sobre oração, o que faz? Você ora! Finalmente encontrei minha pasta e a salvei sob outro nome, mas, naquele dia, o Espírito Santo me ensinou uma lição naqueles poucos momentos de pânico: a oração deve ser minha primeira reação a tudo. Como disse Corrie ten Boom certa vez: "A oração é seu estepe ou seu volante?"[1] Em outras palavras, a oração é aquilo que guia você em cada momento de sua vida ou algo a que você recorre apenas numa emergência?

Não sei o que você está enfrentando agora. Talvez esteja numa situação muito complicada, e orar pareça difícil demais, mas você sabia que uma das orações mais poderosas que pode fazer consiste em uma única palavra, o nome de Jesus?

Em qualquer lugar.

Em qualquer momento.

Em qualquer situação.

Quando se tem um relacionamento com Jesus, orar não é algo que você *faz*; é o que você é.

Quero simplesmente que você saiba que, se teve ou tem dificuldades com a oração, eu também tenho. Assumi o compromisso de levantar cedo e orar por uma hora, e adormeci no chão no meio da oração. Orei para perder peso, e ganhei dois quilos e meio. Orei com grande fé para que alguém fosse curado, e derramei lágrimas amargas em seu enterro. Orei "segundo a Tua vontade", e fui repreendida por outros que me diziam estar orando sem fé.

Nós transformamos a oração em algo complicado demais. Orar é simplesmente conversar e ouvir aquele que está loucamente apaixonado por nós. Mesmo que você chegue aos cem anos, nunca encontrará alguém que ama você do jeito como Jesus ama. Mesmo que tenha o melhor pai do mundo, ele não chega nem aos pés do seu Pai no céu que deseja ouvir você. O anseio que vem de você convida a presença de Deus.

Já que a oração é tão central à fé, acreditamos que devemos saber o que estamos fazendo, e, por causa disso, temos medo de fazer perguntas. Mas todos nós temos perguntas. Tendo crescido na Escócia, posso dizer que eu tinha. Bastou a oração crua e honesta de uma pessoa para expor todos nós.

Puro e real

Em retrospecto, percebo que ameaçar bater em alguém numa reunião de oração não está, tecnicamente, em linha com as Escrituras, mas, naquele momento, a tentação foi quase insuportável. Era uma noite de domingo, e os quatorze membros do nosso grupo de jovens estavam reunidos na sala inferior da nossa pequena igreja batista para a reunião semanal. Estávamos sentados em círculo no piso de madeira, e, após alguns hinos acompanhados por um violão levemente desafinado, nosso líder sugeriu que orássemos. Disse que começaria e convidou todos que quisessem orar a participar. Ele nos lembrou de que não havia pressão para orar, mas, quando terminou sua oração, a pessoa à sua esquerda orou, depois a próxima, depois a próxima. Como peças de dominó, cada um de nós caiu. A maioria fez uma oração curta, mas uma delas foi tão demorada, que foi difícil não cair no sono, e, a julgar pelos roncos suaves que se faziam ouvir, alguém não tinha resistido. Pelo que me lembro, quando veio a minha vez, eu agradeci a Deus por me amar, por meus amigos e pelo fato de termos acabado de ter três dias sem chuva. (A costa oeste da Escócia é bem umedecida.) Depois do meu "amém", houve uma pausa.

À minha esquerda estava "Bobbie". Ele frequentava nossa igreja havia pouco tempo, e tudo referente ao cristianismo e à fé era novidade para ele. Eu estava prestes a sussurrar-lhe que não precisava orar quando ele mergulhou de cabeça.

— Jesus. Muito obrigado por tudo. Obrigado por teu sangue que lava mais branco do que Omo ou Brilhante. Acabei... Amém.

Houve uma pausa carregada, e, então, um dos rapazes do nosso grupo não conseguiu segurar o riso.

— Você não pode falar com Deus desse jeito! — ele disse. — Ele não é seu colega!

Bobbie enrubesceu, e eu me levantei e estava prestes a socar a cara do outro rapaz quando nosso líder me mandou sentar e me comportar como uma cristã.

— Na minha opinião, essa foi a melhor oração da noite — eu disse com lágrimas nos olhos. — Jesus é nosso amigo, Bobbie, e o sangue dele tem um poder de limpeza notável!

Minha melhor amiga se enfiou ao meu lado no círculo e me passou um lenço.

— Por que não passamos alguns momentos em oração silenciosa? — alguém sugeriu, e todos nós nos acalmamos. Passamos o resto da noite em conversas verdadeiras e honestas sobre oração, do tipo "nenhuma pergunta será julgada". Tudo veio à tona.

Existe uma maneira correta de orar?
Existem palavras corretas que devemos usar?
Devemos ficar de joelhos?
Precisamos fechar os olhos?
Como saber o que devemos pedir em oração?
Se Deus não responde, é porque ele está com raiva de nós?
Podemos pedir qualquer coisa ou precisa ser algo santo?
Por que Deus responde a algumas orações, mas a outras não?
Deus favorece alguém?
Deus responde?

Sou péssima quando se trata de orar!

A discussão que tivemos naquela noite acompanhou-me durante muito tempo. Eu também me vinha perguntando todas essas coisas. Tinha 16 anos de idade e era apaixonada por Jesus, mas minha paixão se manifestava mais em falar com outras pessoas *sobre* Jesus do que em falar *com* Jesus. Acreditava que eu era realmente péssima no quesito oração. Alguma vez você já se sentiu assim? Talvez você tenha ouvido alguém orar, e a oração parecia ser tão "correta", tão santa, que você sabia que não conseguiria nem chegar perto daquilo e, por isso, desistiu de orar. Eu entendo isso. Eu queria tanto dizer as coisas certas, pedir as coisas certas, mas não sabia quais eram. Sempre que orava, eu dizia as mesmas coisas e tinha certeza de que Deus estava entediado comigo, decepcionado com minhas orações. Talvez, se eu falasse com outras pessoas sobre Deus, ele ficaria satisfeito comigo. No entanto, às vezes o meu ímpeto de querer falar com outros me transformava numa perturbação pública.

Eu me lembro de pegar o ônibus para a cidade certa noite quando um homem que não suspeitava de nada se sentou ao meu lado. Na época, ainda era permitido fumar no transporte público, e ele tirou um maço de cigarros. Incapaz de encontrar seu isqueiro, ele se voltou para mim e perguntou se eu tinha "uma luz". *Que deixa!*, pensei, quando uma lâmpada mais clara do que todas as luzes de Las Vegas acendeu em minha cabeça. Aqui estava a prova de que Deus responde a orações. Naquela mesma manhã, eu tinha orado por uma oportunidade de compartilhar a minha fé, e aí estava um convertido em potencial. Eu me virei para encará-lo e, com minha voz mais sincera e convincente, respondi: "Sim! Eu tenho a Luz do Mundo." Ele mudou de lugar.

Àquela altura na minha vida, eu igualava oração a resultados. Se eu não conseguisse ver resultados, imaginava que Deus ou não tinha ouvido minha oração ou pensava que minha oração era meio esquisita, como o "Ajuda-me a ser um bom menino" do meu avô. Recorde suas primeiras orações. Você se lembra de orar quando criança? Talvez você não tenha sido criada num lar acostumado a orações. Ou talvez você tenha sido criada numa tradição em que as orações eram escritas e recitadas, e a ideia de clamar a Deus de maneira franca e real quando você se encontra em dificuldades pareça-lhe estranha. Talvez você tenha orado muito por algo, e Deus não respondeu, então você se pergunta: *Para que me dar ao trabalho?* Minhas primeiras lembranças de oração na infância podem ser divididas em duas categorias: a oração que minha mãe ensinou a mim e a minha irmã, para fazermos toda noite, e as orações estranhas que minha mãe costumava fazer quando estávamos enfrentando alguma dificuldade.

Quando meu pai morreu, passamos a viver num projeto habitacional do governo. Visto que nossa renda era muito limitada, minha irmã, meu irmão e eu recebíamos refeições gratuitas na escola, mas precisávamos ter o uniforme escolar correto. No início de certo semestre, meu irmão sofreu um surto de crescimento. Suas calças eram curtas demais, e mamãe não tinha dinheiro sobrando naquele mês. Então, depois do jantar, ela pediu que todos nós nos reuníssemos ao redor de sua cadeira. Ela explicou que pediríamos a Deus que fornecesse calças escolares para o meu irmão. Fiquei fascinada com a ideia. Anjos usam calças compridas? Deus tem um depósito de calças no céu? Quando ela disse "Amém", fiquei sentada por um tempo me perguntando se as calças seriam entregues pela chaminé, mas nada aconteceu. Alguns dias depois, uma amiga veio tomar chá com minha mãe e, quando se despediu, ela deixou um pacote no sofá. Nele estavam três calças compridas no tamanho usado pelo meu irmão. Perguntei à mamãe se ela tinha falado da nossa necessidade à amiga, e ela me lembrou: "Não, nós falamos ao Senhor." Ela não usava palavras elegantes ou uma linguagem santa; simplesmente dizia o que precisávamos. Ela não se surpreendeu com a resposta de Deus, mas eu fiquei completamente admirada.

Isso era novidade. Eu podia orar a Deus e pedir qualquer coisa que desejasse, e ele faria com que fosse entregue. Como você pode imaginar, não foi bem assim que a coisa funcionou. Davy Jones da banda The Monkees não apareceu na minha porta jurando amor eterno, mas eu superei.

Neste momento, quero que você entenda uma verdade bem simples: Deus ouve suas orações. Ele ama você e quer ter um relacionamento com você, e nós construímos relacionamentos falando e ouvindo. Se estiver vivendo uma situação difícil, lembre-se de que, caso lhe faltem as palavras, caso tenha dificuldade de expressar o que está no seu coração, o nome de Jesus tem poder. (E você não é péssima em orar!)

Simplesmente comece a falar

Recebi, em minha página no Facebook, a mensagem de uma jovem que dizia amar Jesus, mas não suportar a companhia de cristãos. Ela escreveu que se sentia mais julgada em seu pequeno grupo na igreja do que em qualquer outro lugar. Alguém tinha corrigido alguma imprecisão teológica na oração dela, e ela ficou devastada. Queria ir embora, fechar-se e parar de orar.

Isso me deixou muito triste. O inimigo da nossa alma quer causar a maior divisão possível no corpo de Cristo. Se você é nova em sua fé e é calada por outro cristão, a tentação é descartar tudo aquilo que acreditava ser a verdade. Se você já experimentou esse tipo de dor, sabe que pode ser devastador. Eu me lembro bem.

Quando fui para o seminário, aos 19 anos, aquilo foi meu primeiro encontro com todas as denominações e com quase todas as nações do mundo. Eu estava entusiasmada por estar num *campus* com centenas de outros cristãos, pois na minha pequena cidade, na Escócia, havia pouquíssimos de nós. Além dos cursos, eu me inscrevi também em cada grupo de oração anunciado no quadro na sala comum dos alunos. Nós orávamos pela África, pela Índia, pelas mães solteiras, pela rainha, pelos colegas. Orávamos por tudo que você pode imaginar.

A maioria dos rapazes da minha turma era gentil e amigável. Foi com algumas das mulheres que tive problemas no início. Eu era uma das alunas mais jovens. Muitas já tinham passado dos trinta e, como fiquei sabendo, não gostavam do jeito como eu me vestia. Agora, antes que sua mente evoque imagens de uma cômoda cheia de roupas sedutoras, eu era a antítese disso. Sempre fui muito modesta. Na verdade, se alguém tivesse inventado maiôs de gola alta, eu teria comprado todos. Mas eu gostava de botas e cores fortes, e, aparentemente, isso ficava aquém de seus padrões santos. Certa tarde, eu estava caminhando pelo *campus* em minhas botas vermelhas quando vi um grupo de alunas reunidas naquilo que era claramente um círculo de oração na grama. Eu quis juntar-me a elas, mas, quando me aproximei, ouvi meu nome.

Senhor Jesus,
  Oramos agora por Sheila Walsh, para que ela reconheça o erro de seus modos e comece a se vestir como uma jovem mulher cristã, e não como uma Jezabel.

Fiquei horrorizada ao perceber que era assim que elas me viam. Tudo que eu sabia sobre Jezabel era que ela tinha ameaçado matar o profeta Elias. Eu não fazia ideia daquilo que ela vestia! Eu era uma adolescente tímida. Nunca tinha tido um namorado. A fúria de meu pai e seu suicídio tinham destruído minha confiança em homens. Mas eu pensei que estaria segura num seminário em que as pessoas tinham um compromisso comum com Jesus, especialmente entre as mulheres. Fiquei devastada. Corri de volta para o meu quarto e me joguei na cama, soluçando e profundamente ferida. Senti vergonha. Cada coisa negativa que eu já tinha pensado a meu respeito veio à tona, com uma voz mais alta e mais convincente agora, porque aquelas mulheres tinham falado com Deus sobre mim pelas minhas costas.

Decidi conversar com o diretor do seminário e dizer-lhe que eu tinha de ir embora. Claramente, aquele não era o meu lugar. A secretária do dr. Kirby marcou uma reunião para o dia seguinte. Gilbert Kirby já está na glória com Cristo, mas ele foi um dos maiores presentes de Deus para mim. Bati suavemente à porta de seu escritório, e ele pediu que eu entrasse. Ele ouviu tudo o que jorrou da minha boca e então falou sobre o amor e a graça de Deus que nos convidam a vir do jeito que somos. Pediu que eu ficasse na faculdade, que perdoasse as "mulheres de oração", que aparecesse todos os dias e fosse eu mesma. Ele foi a primeira pessoa a me mostrar um salmo que tem sido uma fonte de conforto e força desde então.

> Busquei o Senhor, e ele me respondeu; livrou-me de todos os meus temores. Os que olham para ele estão radiantes de alegria; seus rostos jamais mostrarão decepção. Este pobre homem clamou, e o Senhor o ouviu; e o libertou de todas as suas tribulações. O anjo do Senhor é sentinela ao redor daqueles que o temem, e os livra. Provem, e vejam como o Senhor é bom. Como é feliz o homem que nele se refugia [...] Os justos clamam, o Senhor os ouve e os livra de todas as suas tribulações. O Senhor está perto dos que têm o coração quebrantado e salva os de espírito abatido. (Salmos 34:4-8,17,18)

Voltei para o meu quarto e sublinhei esses versículos na minha Bíblia. Marquei um asterisco neste versículo: "Busquei o Senhor, e ele me respondeu." A ideia era tão simples! Parecia bom demais para ser verdade. Eu me perguntei se isso valia especialmente para Davi, já que ele era o ungido de Deus, aquele que se tornaria rei, ou se era uma promessa para todos nós. Hoje eu sei que podemos ler a Bíblia, que podemos estudar a Bíblia, mas, se não soubermos aplicar o poder da Palavra viva de Deus a nós mesmos, nada muda em nós. Enquanto as palavras desse salmo me inundavam, eu senti como a vergonha começava a derreter. Eu havia passado a vida inteira na igreja, mas nunca tinha entendido de verdade o quanto o amor de Deus é pessoal, como ele fala por meio de sua Palavra agora mesmo, no meio daquilo que estamos enfrentando.

Eu perseverei no seminário, levando a sério as gentis palavras do dr. Kirby. E acho que eu posso ter interpretado a parte sobre ser eu mesma um pouco literalmente demais.

Em meu segundo ano, ficou claro que, às vezes, a oração nada mais é do que uma prosa cuidadosamente redigida para impressionar os outros.

Os alunos residentes almoçavam todos os dias no refeitório do seminário. Era um evento bastante formal, e todos os professores sentavam à cabeça da mesa em seus trajes oficiais. Toda sexta, um aluno era escolhido para dar graças. Alguns devem ter pensado que suas orações estavam sendo avaliadas. Deixe-me dar a você uma amostra. Por favor, perdoe-me se isto soar um pouco irreverente, mas havia dias em que a comida esfriava antes de a oração terminar.

> *Amado Deus de Abraão, Isaque e Jacó,*
> *Venho para diante de ti com um coração cheio de louvor, mas também inquieto. É como disse Agostinho: "Nosso coração permanece inquieto até descansar em ti." Os filhos de Israel caminharam pelo deserto quarenta anos; tu, porém, com teus recursos abundantes, os alimentaste, assim como tu nos alimentas hoje. E agora, Deus de Moisés, Elias e de todos os profetas menores, hoje tu preparaste um banquete para nós..."*

A oração era muito mais longa, mas você pegou a ideia. Bem, numa sexta-feira, após semanas de graças que poderiam ter competido com as *Confissões* de Agostinho, pediram que eu, sem aviso prévio, desse a bênção Eu me levantei e disse:

> *Em volta dos meus dentes e da minha gengiva,*
> *Cuidado, barriga, que lá vem coisa!*
> *Obrigada, Senhor. Amém.*

Se o silêncio pode ser algo repleto de terror, a atmosfera do refeitório, naquele dia, estava carregada de desdém. O que quebrou o silêncio foi a gargalhada de Gilbert.

Ele disse: "Curta e direto ao ponto!", e todos nós aproveitamos um almoço quente.

Todas nós temos histórias. Você e eu poderíamos sentar e passar horas a fio falando de nossas experiências, as boas, as ruins e as feias, mas meu conselho é este: não se preocupe com palavras certas ou erradas. Simplesmente comece. Comece a falar. Deus está ouvindo.

Ele está ouvindo

Há dois anos venho sentindo um forte chamado para orar. Acordo de manhã, e ele está ali, e não como uma voz de condenação do tipo "Você deveria orar mais"; é mais como uma excitação que borbulha dentro de mim porque Deus está agindo e chamando suas filhas a ser parte daquilo que ele está prestes a fazer. Foi por isso que escrevi este livro, não para fazê-la sentir-se culpada porque você ora ou não com frequência, mas para dizer que existe um Deus no céu, e ele ama você, e ele está ouvindo. A oração ativa o poder de Deus. Estou orando neste momento, pedindo que Deus ensine a todas nós o poder da oração de maneira nova e fresca. Muitas vezes, a oração é a arma guardada no armário, escondida atrás das decorações de Natal. Ficamos dizendo a nós mesmas que, algum dia, nós a tiraremos de lá, mas esse dia nunca chega, e a oração é importante demais para isso. Não existe nada que Satanás, nosso inimigo, deseje mais do que o cessar de nossas orações ou, ainda, que nunca comecemos. Ao longo dos trinta primeiros anos da minha vida, eu fazia orações longas e orações curtas, mas o ponto de virada veio para mim quando me faltaram palavras.

Quando fui internada com uma depressão clínica severa, em 1992, todas as minhas palavras tinham sumido. A garota dentro de mim, que tinha decidido seguir Jesus aos onze anos de idade, estava amargamente decepcionada com a pessoa que eu me tornara. Eu tinha prometido ser perfeita, nunca decepcionar Deus, e aqui estava eu, com o rosto no chão, vazia. A única palavra que orei em silêncio foi: "Ajuda-me." Não me parecia uma oração. Eu a ouvi como uma palavra de derrota total. Era o som de uma mulher que se afogava, mas acredito que Deus a ouviu como palavra honesta de rendição. Pela primeira vez em minha vida, eu admiti para Deus e para mim mesma que eu estava em apuros, que eu não conseguia salvar-me. Eu tinha ouvido e feito algumas orações maravilhosas ao longo dos anos, mas aqui estava eu, novamente como uma criança. Apenas com uma palavra: "Ajuda-me." Quando não me restavam palavras, essa única salvou minha vida.

A oração mais honesta que você pode fazer

Uma das orações mais honestas e desesperadas registradas nas Escrituras foi a de um homem que se afogava. Você se lembra da história?

> Logo em seguida, Jesus insistiu com os discípulos para que entrassem no barco e fossem adiante dele para o outro lado, enquanto ele despedia a multidão. Tendo despedido a multidão, subiu sozinho a um monte para orar. Ao anoitecer, ele estava ali sozinho, mas o barco já estava a considerável distância da terra, fustigado pelas ondas, porque o vento soprava contra ele. Alta madrugada, Jesus dirigiu-se a eles, andando sobre o mar. Quando o viram andando sobre o mar, ficaram aterrorizados e disseram: "É um fantasma!" E gritaram de medo. Mas Jesus imediatamente lhes disse: "Coragem! Sou eu. Não tenham medo!" "Senhor", disse Pedro, "se és tu, manda-me ir ao teu encontro por sobre as águas." "Venha", respondeu ele. Então Pedro saiu do barco, andou sobre as águas e foi na direção de Jesus. Mas, quando reparou no vento, ficou com medo e, começando a afundar, gritou: "Senhor, salva-me!" Imediatamente Jesus estendeu a mão e o segurou. E disse: "Homem de pequena fé, por que você duvidou?" (Mateus 14:22-31)

Os discípulos estavam exaustos após um longo e milagroso dia nas colinas. Uns 5 mil homens (então, provavelmente uma multidão de no mínimo 8 ou 9 mil pessoas se incluirmos mulheres e crianças) tinham sido alimentados com o lanche de um garoto. E, mais do que isso, doze cestas de comida tinham sobrado, uma para cada discípulo. Isso era uma mensagem visual que dizia: "Nunca se trata de vocês terem o suficiente; sempre se trata de eu ser mais do que suficiente para vocês." Após alimentar a multidão, Jesus a despediu. Ele subiu até o topo do monte para ficar a sós e orar, após ter insistido que os discípulos entrassem num barco e fizessem a viagem de cinco milhas de Betesda para Genesaré.

Logo os discípulos estavam remando contra o vento, cercados de ondas altas. Tempestades violentas como essa podiam surgir no Mar da Galileia sem aviso. Era alta madrugada quando viram uma figura vindo em sua direção sobre as águas. Havia, na época, crenças supersticiosas de que demônios habitavam a água, e, assim, os discípulos ficaram aterrorizados quando viram alguém caminhando na superfície das ondas. Pensaram que a figura era um fantasma, mas Jesus de imediato os acalmou: "Coragem! Sou eu. Não tenham medo!"

Para os discípulos, cada dia revelava algo novo sobre Cristo. Eles viram que ele podia transformar água em vinho de primeira qualidade. Ele podia curar os enfermos. Podia alimentar um exército a partir de praticamente nada. Mas agora isso. Ele podia andar sobre as águas. Então Pedro questionou: "Se és tu, manda-me ir ao teu encontro". Em resposta àqueles que esperavam ver Jesus fazendo milagres como se fosse alguma atração de circo, ele se recusou, mas, à pequena fé que crescia em Pedro, Jesus respondeu, dizendo: "Venha".

Pedro colocou uma perna para fora do barco e, depois, a outra. Você consegue imaginar o que os amigos dele pensaram quando o viram andar sobre as águas? Não sabemos que distância ele percorreu ou a que distância Jesus estava do barco, mas, quando Pedro desviou os olhos de Jesus por um momento e começou a olhar para o tamanho das ondas, entrou em pânico e começou a afundar. Naquela noite, ele fez uma das orações mais honestas, desesperadas e poderosas que qualquer um de nós pode fazer: "Senhor, salva-me!" Imediatamente, Jesus estendeu o braço e o segurou. Mateus continua e conta-nos que: "Quando entraram no barco, o vento cessou" (Mateus 14:32).

Ajuda-me, Senhor! Salva-me, Senhor!

Esse tipo de oração admite algo que é sempre verdade, mas do qual nem sempre estamos cientes: não podemos salvar a nós mesmos. Essa é uma oração de rendição absoluta. Quando fiz aquela oração em meio a fortes soluços no chão do meu quarto de hospital, as palavras do salmo que meu querido amigo e mentor Gilbert Kirby tinha compartilhado comigo inundaram-me como ondas: "O Senhor está perto dos que têm o coração quebrantado e salva os de espírito abatido" (Salmos 34:18).

Se você se reconhece agora nessas palavras, eu a convido a clamar a Deus. Você não precisa de palavras rebuscadas, nem mesmo de muita fé. Simplesmente comece por onde está. Caso se sinta impura, quero lembrá-la das palavras de Bobbie: o sangue de Jesus lava mais branco do que Omo ou Brilhante. De verdade.

Entendo que algumas de vocês têm caminhado com Jesus por muito tempo. Algumas são guerreiras de oração e intercessoras, e eu sou tão grata por vocês! Obrigada por sua fidelidade. Mas algumas de vocês podem ter aberto este livro porque tentaram orar no passado e ficaram com a sensação de que suas orações não passaram do teto, então simplesmente pararam. Ou vocês oraram por algo realmente importante, por algo que mudaria a vida, e Deus não respondeu, certamente não de modo que fizesse sentido para vocês. Pergunto: vocês estariam dispostas a abrir seu coração para a possibilidade de começar mais uma vez? Acredito com tudo que há em mim que Deus deseja ter um relacionamento verdadeiro com vocês. Amar a Deus não se trata de religião, mas de relacionamento. Oração não se trata das palavras certas; trata-se do coração certo. Deus conhece você, ele a ama do jeito que é, agora mesmo. Você pode começar com um simples "Ajuda-me, Senhor!"

Amar a Deus não se trata de religião, mas de relacionamento. Oração não se trata das palavras certas; trata-se do coração certo.

> "Na minha aflição clamei ao S<small>ENHOR</small>; gritei por socorro ao meu Deus. Do seu templo ele ouviu a minha voz; meu grito chegou à sua presença, aos seus ouvidos." (Salmos 18:6)

Mesmo que não saiba o que dizer, simplesmente fale com Deus — ele está ouvindo.

A mulher de oração sabe que pode começar por onde ela está.

LEMBRETES DE ORAÇÃO

1. Orar é simplesmente conversar de forma honesta com Deus.
2. Quando você não sabe por onde começar, a oração mais simples, e a mais poderosa, é uma palavra: Jesus.
3. Oração não se trata das palavras certas; trata-se do coração certo.

UMA ORAÇÃO PARA QUANDO VOCÊ NÃO SABE O QUE DIZER

Pai,

Não tenho palavras rebuscadas, mas tenho um coração que deseja conhecer-te melhor. Obrigada por ouvires cada palavra. Amém.

CAPÍTULO DOIS

Ore porque Deus está esperando por você

A mulher de oração sabe que Deus a está ouvindo neste exato momento.

A oração é a maneira mais concreta de construirmos nosso lar em Deus.
Henri Nouwen

Contudo, o Senhor espera o momento de ser bondoso com vocês; ele ainda se levantará para mostrar-lhes compaixão. Pois o Senhor é Deus de justiça. Como são felizes todos os que nele esperam!
Isaías 30:18

Acordei com o barulho dos nossos dois cachorros, Maggie e Tink, que latiam como se tivéssemos sido invadidos por um bando de gatos. Eles estavam pulando contra a porta do quarto, claramente frenéticos. Olhei para meu celular. Era pouco antes das sete da manhã. Estendi o braço para acordar Barry e percebi que seu lado da cama estava vazio. Fiquei surpresa. O primeiro a acordar sempre leva os cachorros para fora; então, o fato de Barry não estar lá, e os cachorros, sim, era incomum. Saí da cama, mas, quando alcancei a porta do quarto, parei. Percebia, agora, por que os cachorros estavam latindo. Um barulho alto vinha do andar de baixo. Parecia que alguém estava derrubando nossos móveis.

"O que Barry está fazendo?", eu me perguntei. Então, um pensamento terrível se infiltrou na minha mente. "E se não for o Barry? E se estivermos sendo assaltados e eles o calaram?"

Liguei para o celular dele, e a ligação caiu na caixa postal. Nada bom. Olhei em volta para ver se encontrava algo que pudesse servir como arma. Tudo que consegui encontrar foi um par de botas de salto alto.

"Não estou preparada para me defender!", pensei. "Deveríamos jogar golfe. Sou escocesa. Deveríamos ter tacos de golfe aqui em cima."

Julguei que eu estava exagerando. Talvez Barry tivesse levado os cachorros para fora mais cedo e os trazido de volta para o quarto e, agora, tinha tropeçado em algo, o que não é incomum na nossa casa. Somos uma família de tropeçadores. Levei uma bota comigo, só para garantir. No momento em que abri a porta do quarto, os cachorros desceram voando pelas escadas, latindo sem parar. Eu segui, com a bota girando sobre minha cabeça.

Vivemos numa casa urbana de três andares, e, quando os cachorros alcançaram o térreo, eles pararam de latir. Isso era ou um sinal muito bom ou um sinal muito ruim.

Gritei o nome de Barry.

Nada.

Chamei de novo e ouvi um "Bom dia" abafado.

Coloquei minha "arma" no chão e desci até o térreo, onde encontrei Barry e os cachorros no armário embaixo da escada sob caixas, cobertores e decoração de Natal. Aquele era o nosso armário do tipo "quando não sabemos onde guardar algo, nós jogamos aqui".

— O que está fazendo? — eu perguntei, enquanto tentava atravessar a bagunça espalhada pelo chão.

— Estou esvaziando o armário — ele disse.

— Às sete da manhã? — perguntei. — Por quê? Onde vamos guardar todas essas coisas?

— Isso eu não sei — ele disse. — Mas este... — Houve uma pausa reverente, enquanto ele apontava para o armário. — Este será nosso novo armário de oração. Tenho pensado nisso há semanas, e aqui está!

— Uau! — eu disse. E o que mais poderia dizer?

Passamos o resto do dia procurando lugares para guardar as coisas para as quais não tínhamos um lugar. A maioria delas acabou empilhada na garagem ou sob as camas. Eu passei o aspirador no *glitter* espalhado pelo chão e, naquela noite, Barry arrumou o armário bem do jeito que queria. Ele trouxe seus livros devocionais preferidos, sua Bíblia e um diário. Eu gostei da ideia de um lugar silencioso e me juntei ao "time do armário de oração". Pensei que seria bom ter um lugar específico, onde pudéssemos fechar a porta e cada um ficar a sós com Deus. Foi o que pensei. No primeiro dia, Barry percebeu que, quando você fecha a porta, a luz é desligada, então passou a usar uma lanterna. Eu não gostei da ideia e trouxe três velas, o que funcionou até eu derrubar uma delas e tacar fogo no meu livro de devocionais.

No dia seguinte, Barry passou muito tempo orando; tanto tempo, que fiquei um pouco preocupada. Quando abri a porta, eu o encontrei em sono profundo no chão com os cachorros aninhados em sua volta.

No fim da primeira semana, eu tinha batido minha cabeça duas vezes no teto inclinado do armário e precisei abrir a porta do armário para os cachorros todas as vezes, e ainda descobri que eu era claustrofóbica. Sinto dizer, mas Barry também não se deu bem. Seu experimento "armário de oração" tinha fracassado. Tentar encontrar um lugar sagrado não havia funcionado para nós. Mas a verdade é que Deus não está à procura de um lugar sagrado para nos encontrar. Por causa de Jesus, o lugar sagrado somos nós, e Deus está sempre esperando para nos encontrar, não importa onde estejamos.

Num armário.
No chuveiro.
No escritório.
No carro.
Quando passeamos com o cachorro.
Na fila do supermercado.
Numa sessão de quimioterapia.
Em qualquer lugar. Em todo lugar.

Essa verdade é incrível. Deus nos convida para entrarmos em sua presença. Aqueles que viveram antes do tempo de Cristo jamais poderiam ter imaginado um convite assim. No Antigo Testamento, as pessoas não tinham um acesso direto a Deus. Deus é santo, e nós não somos. Mas Deus queria que sua presença estivesse com seu povo, então ele disse a

Moisés: "E farão um santuário para mim, e eu habitarei no meio deles" (Êxodo 25:8).

Não sei se você já viu uma imagem ou um modelo do templo; havia um pátio exterior, onde os sacerdotes podiam entrar para oferecer sacrifícios, mas o Santo dos Santos, onde repousavam a presença de Deus e a sua glória, só podia ser acessado uma vez ao ano e apenas pelo sumo sacerdote. Um véu bordado, da largura da palma de um homem, separava o Lugar Santo do Santo dos Santos, mas a vida e a morte de Jesus mudaram tudo. Seu último grito na cruz rasgou aquele véu bordado ao meio.

> "Mas Jesus, com um alto brado, expirou. E o véu do santuário rasgou-se em duas partes, de alto a baixo." (Marcos 15:37,38)

Eu amo o fato de o véu ter-se rasgado de alto a baixo. Apenas Deus poderia ter feito isso. Ele estava dizendo a você e a mim: "Entrem. Estou esperando por vocês." A barreira entre Deus e a humanidade foi rasgada ao meio, pois nós somos o templo do Deus vivo.

> "Como disse Deus: 'Habitarei com eles e entre eles andarei; serei o seu Deus, e eles serão o meu povo.'" (2Coríntios 6:16)

Agora, pego minha Bíblia e uma xícara de café, vou até o jardim e sento em minha poltrona com meu Pai. Barry leva os cachorros para caminhar e, enquanto caminha, ele ora em voz alta quando acha que está sozinho. É uma surpresa e tanto para alguns dos nossos vizinhos. Eles acham que ele é um pouco maluco. Bem, até agora ainda não fui convocada como testemunha!

A verdade é que não existe um lugar certo para um encontro com Deus. Talvez você tenha um armário de oração e ele seja o lugar perfeito para você. Talvez tenha uma poltrona favorita ou um lugar onde gosta de passear. No fundo, não importa que lugar você escolha, vai descobrir que Deus está esperando por você. Deus não está esperando num lugar perfeito; você é o lugar perfeito em que Deus deseja morar. Deus não está lá fora esperando que você o encontre; ele está bem aqui, com você, neste momento, quando você chamar seu nome.

"O Senhor está perto de todos os que o invocam, de todos os que o invocam com sinceridade." (Salmos 145:18)

Se você ainda se pergunta por onde deve começar, e o que dizer, uma das orações mais poderosas e íntimas, que eu amo e que faz um convite à presença de Deus, é esta: "Deus, tem misericórdia de mim".

A oração que Deus aceita

Jesus falou muito sobre oração. Primeiramente, vejamos Lucas 18, que nos conta uma história sobre dois homens que viam a si mesmos de forma muito diferente aos olhos de Deus. Um homem acreditava merecer o amor de Deus; o outro, não. Foi Jesus que contou essa história. Isso pode parecer óbvio, mas é um fato muito importante para mim. A história não transmite apenas os pensamentos daqueles que amaram Jesus ao longo dos séculos. Essas são as palavras dele, seu presente para nós, para que nós possamos descobrir algo sobre o tipo de oração que Deus aceita.

Observemos os dois homens que se posicionaram em lugares bem diferentes no templo. Onde eles estão diz muito sobre quem são. Um foi entrando como se fosse o convidado de honra. O outro hesitou e nem levantou a cabeça. É tentador ler a parábola como uma história apenas para aquele tempo e ignorar o que Jesus está dizendo. Mas, quando Jesus contava uma parábola como essa, ele estava levantando uma imagem para que todos pudessem vê-la. Aqui, ele está ilustrando dois tipos de atitude diante de Deus, dois tipos de oração:

1. Vir para diante de Deus com orgulho.
2. Vir para diante de Deus quebrantado e com humildade.

A alguns que confiavam em sua própria justiça e desprezavam os outros, Jesus contou esta parábola: "Dois homens subiram ao templo para orar; um era fariseu e o outro, publicano. O fariseu, em pé, orava no íntimo: 'Deus, eu te agradeço porque não sou como os outros homens: ladrões, corruptos, adúlteros; nem mesmo como este publicano. Jejuo duas vezes por semana e dou o dízimo de tudo quanto ganho'. Mas o publicano ficou à distância. Ele nem ousava olhar para o céu, mas batendo no peito, dizia: 'Deus, tem misericórdia de mim, que sou pecador'. Eu lhes digo que este homem, e não o outro, foi para casa justificado diante de Deus. Pois quem se exalta será humilhado, e quem se humilha será exaltado." (Lucas 18:9-14)

Naqueles dias, os muito devotos oravam três vezes ao dia, às nove da manhã, ao meio-dia e às três da tarde. Acreditava-se que as orações mais eficazes eram aquelas feitas no templo, e é lá que encontramos esses dois homens. A primeira coisa que a história deixa claro é que pessoas presunçosas acreditam que Deus as aprova por causa daquilo que fazem e daquilo que não fazem. É uma religião egocêntrica. O fariseu não tinha nenhuma noção de sua própria necessidade da misericórdia de Deus porque ele estava seguindo as regras — não só seguindo, mas indo além em seu cumprimento. Em sua oração, ele deixa claro que jejuava duas vezes por semana, mesmo que os judeus fossem obrigados a jejuar apenas um dia por ano, no Dia da Expiação.

> Este é um decreto perpétuo para vocês: No décimo dia do sétimo mês vocês se humilharão e não poderão realizar trabalho algum, nem o natural da terra, nem o estrangeiro residente. Porquanto nesse dia se fará propiciação por vocês, para purificá-los. Então, perante o Senhor, vocês estarão puros de todos os seus pecados. Este lhes será um sábado de descanso, quando vocês se humilharão; é um decreto perpétuo. (Levítico 16:29-31)

O fariseu superava as expectativas! Aqueles que desejavam um mérito especial com Deus por meio de seu comportamento jejuavam às quintas e segundas. Acreditava-se que Moisés tinha subido o Monte Sinai para receber os Dez Mandamentos numa quinta e descido numa segunda-feira, por isso esses dias eram considerados mais sagrados do que os outros. Aqueles que jejuavam nesses dias pintavam seus rostos de branco e caminhavam pelas ruas de Jerusalém em roupas esfarrapadas. Visto que as segundas e quintas eram dias de feira, essas pessoas garantiam um grande público a quem podiam impressionar com sua abnegação.

Para nós, o orgulho que muitos membros da comunidade religiosa viam como virtude naqueles dias cheira a arrogância. Um rabino, Simeão, filho de Yohai, disse: "Se houver apenas dois homens justos no mundo, esses homens são eu e meu filho; se houver apenas um, esse sou eu!"[1]

Para o fariseu, agradecer a Deus o fato de não ser um adúltero teria sido maravilhoso se ele tivesse atribuído a Deus o mérito de salvá-lo do pecado, mas não era isso que estava em seu coração. Observe quantas vezes ele faz referência a si próprio:

Deus, eu te agradeço...
Não sou como...
Nem mesmo [sou] como...
Jejuo...
Dou...

Sua oração é basicamente uma carta de amor a si mesmo. Ele observou e superou todas as regras por força própria, não por causa da graça e da misericórdia de Deus. Como fariseu, ele conhecia os salmos e o livro do profeta Isaías, mas tinha ignorado seus gritos por misericórdia, a necessidade de socorro e esperança. Imagino que, para ele, o rei Davi deve ter clamado por misericórdia porque era um pecador, um adúltero. Evidentemente, ele ignorou que Deus tivesse chamado Davi um homem segundo seu próprio coração.

Após apresentar uma lista dos erros que não cometeu, ele se recomenda por aquilo que fez corretamente. Ele deu o dízimo de tudo, literalmente tudo! Mateus lembra esta acusação de Jesus: "Ai de vocês, mestres da lei e fariseus, hipócritas! Vocês dão o dízimo da hortelã, do endro e do cominho, mas têm negligenciado os preceitos mais importantes da lei: a justiça, a misericórdia e a fidelidade" (Mateus 23:23).

Se você comprasse seu endro e cominho desse homem por cinco reais, cinquenta centavos iam para o Senhor. Isso seria bom e certo, desde que proveniente de um coração grato; mas, como o fariseu acreditava que seus atos o tornavam justo aos olhos de Deus, ele ignorou a mensagem do evangelho. O fariseu ficaria ofendido de pensar que Deus não se impressionou com sua oração. Não faria sentido para ele.

Embora eu não goste do fariseu retratado aqui, reconheço um pouco de mim nele. Durante muitos anos, tentei observar todas as regras para agradar a Deus. Isso provinha de um lugar danificado, de um lugar onde eu queria tanto ser amada, que fazia de tudo em meu poder para impressionar Deus. Eu queria ser perfeita. E não via isso como orgulho. Pensava que, se fosse perfeita, Deus me amaria mais. No entanto, não importa de onde venha o nosso orgulho, ele nos separa de Deus.

Não importa se acreditamos ser tão bons que ganhamos a aprovação de Deus ou tão maus para que o amor de Deus dependa de como vemos Deus. Esse é um problema de tamanhas dimensões, que quero deter-me aqui por um momento. Pense em sua própria vida. Quando você ora, como se aproxima de Deus? Quais são seus pensamentos sobre Deus ouvi-la ou não? A. W. Tozer, em sua obra-prima *The Pursuit of God* [À procura de Deus], escreveu isto: "O que vem à nossa mente quando pensamos em Deus é a coisa mais importante a nosso respeito."[2]

Quando você pensa em Deus, o que lhe vem à mente? Você acredita que Deus está satisfeito ou insatisfeito com você? Se ele estiver satisfeito, por quê? Se não estiver, por que não?

Tenho uma amiga que está lutando com um vício no momento. Ela consegue manter-se bem por um tempo e, então, tropeça de novo. Tivemos conversas sobre o que está acontecendo no coração dela no meio dessa batalha. Quando está indo bem, ela sente que Deus a está encorajando, e, quando tropeça, sente como se Deus estivesse balançando a cabeça, decepcionado, e então para de orar. Temos muitas dificuldades para entender que o amor de Deus nunca se baseia em nosso desempenho. Ele se baseia na obra completada de Cristo, e isso nunca muda. Agora, Deus fica feliz quando ela está indo bem? Tenho certeza que sim, mas a alegria do Senhor provém de seu amor por ela; não se baseia numa pontuação que ele fica atualizando a favor dela ou contra.

Deus quer que todos nós façamos escolhas que levem à vida, mas, quando caímos, seu amor permanece o mesmo. Isso não faz sentido para nós, porque, aqui na terra, jamais vamos experimentar esse tipo de amor em qualquer outro lugar senão diante do trono da graça e da misericórdia. Se, com a ajuda do Espírito Santo, formos capazes de entender essa verdade, isso mudará não só a maneira como vemos a nós mesmas, mas também como vemos os outros. O fariseu se distanciou do coletor de impostos sem perceber que, na verdade, ele estava distanciando-se de Deus. Antes de seu coração ser quebrantado, você não consegue ver-se a si mesma ou aos outros como Deus vê. Sei disso por causa do meu próprio quebrantamento.

Quando eu trabalhava na televisão como apresentadora de um programa cristão de entrevistas, fazia de tudo para ser alguém de quem Deus pudesse orgulhar-se. Eu chegava cedo e saía tarde. Se alguém precisasse de ajuda, eu estava lá. Esgotei-me em minha necessidade da aprovação de Deus. Você pode matar-se com drogas e álcool e saber, lá no fundo, que está arruinando sua vida, mas também pode matar-se trabalhando para Deus e acreditar que aquilo é santo. Quando minha vida ruiu e eu acabei na ala psiquiátrica, sabia que tinha fracassado. Com minha alma ensanguentada e ferida, eu estava no chão, esperando que Deus acabasse comigo porque eu o tinha decepcionado. Em vez disso, ele se sentou ao meu lado e me acolheu no seu coração, pois desde sempre me amou. Eu soube, então, que ele teria abraçado-me antes, mas tudo o que eu havia feito para que ele me amasse acabou atrapalhando. Experimentei não só o amor de Deus de forma mais profunda, mas também o amor de outros.

Não sei como você se sente em relação a essa ideia neste momento de sua vida. Se consegue entender, fico muito feliz por você. Se lhe parecer bom demais para ser verdade ou até mesmo errado, desejo que você saiba que pode aproximar-se de Deus como está, pois ele está esperando para acolhê-la.

Você pode matar-se com drogas e álcool e saber, lá no fundo, que está arruinando sua vida, mas também pode matar-se trabalhando para Deus e acreditar que aquilo é santo.

O segundo homem, aquele que, segundo Jesus, voltou para casa justificado aos olhos de Deus, era aquele que estava dolorosamente ciente de seu pecado. Ao contrário do fariseu, o coletor de impostos ficou ao longe, num canto do pátio do templo. Ele não foi para a frente como se tivesse o direito de estar ali; ficou parado, o olhar dirigido para baixo. É interessante Jesus ter dito que o fariseu ficou "batendo no peito". Aos olhos do Oriente Médio, tal ato era visto como verdadeira contrição, verdadeiro arrependimento. Isso tem grande significado, porque a fonte da vida espiritual é o coração.

> Guardei no coração a tua palavra para não pecar contra ti. (Salmos 119:11)

> Acima de tudo, guarde o seu coração, pois dele depende toda a sua vida. (Provérbios 4:23)

> Sonda-me, ó Deus, e conhece o meu coração; prova-me, e conhece as minhas inquietações. (Salmos 139:23)

O fariseu via os outros como pecadores; o coletor de impostos só viu um pecador na presença de Deus: ele mesmo. E fez uma oração de humildade e desespero. Manteve os olhos voltados para o chão, mas suas orações subiram até o trono da graça. "Deus, tem misericórdia de mim, que sou pecador." Sua oração não continha um pingo de justificação, nenhum "Eu sei que pisei na bola na terça, mas na quarta eu arrasei!" Tudo que ele ofereceu na presença de um Deus santo foi um coração quebrantado e contrito.

As pessoas que ouviam a história de Jesus devem ter concordado com ele até esse ponto. Tudo estava seguindo sua ordem, pelo que conseguiam ver. O homem "bom" ofereceu sua boa oração, e o homem "mau" ofereceu a única oração que um homem mau podia fazer; no entanto, mais uma vez, Jesus estava prestes a virar o jogo.

> "Eu lhes digo que este homem, e não o outro, foi para casa justificado diante de Deus. Pois quem se exalta será humilhado, e quem se humilha será exaltado." (Lucas 18:14)

Isso contrariava tudo o que eles entendiam sobre Deus. O povo judeu era criado sob o "fardo da lei". O Antigo Testamento ostentava 613 leis. Elas eram divididas em leis "positivas" e leis "negativas", em coisas que se devia fazer e coisas que se devia evitar. Havia 365 coisas a fazer e 248 coisas a não fazer (o que, curiosamente, é o número de dias no ano e o número de ossos no corpo humano, respectivamente. Dessa forma, os judeus eram chamados a obedecer à lei todos os dias com todo o seu corpo).[3] A multidão ficou chocada quando Jesus disse que o homem a retornar para casa justificado era o pecador. Tudo o que eles sabiam sobre agradar a Deus ficou de ponta-cabeça. Era Lucas 15 todo outra vez.

Quando Jesus contou a história do filho pródigo, os ouvintes reconheciam apenas um vilão, o filho que desrespeitou o pai, pediu sua parte da herança e saiu de casa. Quando ele teve a ousadia de retornar para uma comunidade que, tradicionalmente, teria ido de encontro a ele no portão, impedindo que ele retornasse, Jesus mudou tudo. Na história, o pai correu. Inimaginável. Humilhante. Ele alcançou o garoto antes que a multidão pudesse tocá-lo e o recebeu em casa — com todas as honras, sem vergonha. A multidão de ouvintes naquele dia deve ter ficado perplexa. Os líderes religiosos devem ter-se sentido profundamente ofendidos, enquanto os marginalizados e sofridos devem ter visto um raio de esperança em sua vida.

Se estiver procurando uma fé que faça sentido, o cristianismo deixará você ofendida, confusa e despida de qualquer coisa boa que possa dizer a respeito de si mesma. Mas, se estiver procurando uma fé que a convide a vir como está, será banhada em misericórdia e compaixão; uma fé na qual você será amada de volta para a vida, bem-vinda em casa. O Pai está esperando. Sempre esperando.

Antes de minha vida ruir e eu acabar numa ala psiquiátrica, eu estava muito ciente de meu próprio desempenho como cristã. Mesmo enquanto escrevo isto, desejo que não tivesse sido verdade, mas foi. Eu não tinha nenhuma certeza profunda de que Deus me amava apenas por mim; e eu era cautelosa em tudo o que fazia. Depois da queda, eu estava livre... quase.

Venha e sente-se um pouco

Ainda existem algumas situações que expõem minha natureza danificada. Eu consigo subir num palco e falar diante de um público de 20 mil pessoas e não sentir nenhum nervosismo. Eu sei por que estão ali. Estão ali porque querem que Deus as toque. Anseiam por socorro e esperança. Sei disso, agora que sou simplesmente o recipiente terreno através do qual a esperança flui. É Jesus que muda vidas, e não consigo esperar para contar isso aos outros. Mas coloque-me na frente de um fotógrafo, e eu já não me sinto mais tão confortável. Parte desse desconforto deve-se ao fato de que, antes de qualquer sessão de fotografia, eu sempre decido perder uns cinco quilos e, normalmente, acabo ganhando uns dois... ou mais. É ridículo, eu sei, mas é isso. Em muitos sentidos, eu ainda me vejo como a garota adolescente com pele ruim e cabelo oleoso e, em vez de ajudá-la, eu saboto seus esforços com dois amigos meus, Ben e Jerry*. Você também já fez isso? É como se tivéssemos medo de ganhar. Em vez disso, fazemos de tudo para falhar, de novo, e de novo. Então nos irritamos com nós mesmas e vestimos aquele manto da vergonha, que está sempre às mãos. A verdade é que Deus não está com raiva de nós e que aquele manto não nos pertence. Jesus o vestiu na cruz.

Na primavera de 2019, Barry e eu viajamos até uma pequena cidade no Texas para a sessão de fotografias para este livro. Eu não conhecia o fotógrafo, mas tinha visto imagens do lugar em que tiraríamos as fotos. Era um grande celeiro branco, normalmente usado para casamentos. Naquela manhã, o meteorologista local anunciou as piores tempestades de todo o ano no Texas. Ele disse que teríamos granizo com pedras de gelo do tamanho de um punho. Sugeri a Barry que reagendássemos a sessão. Ele sugeriu que eu entrasse no carro.

A viagem demorou menos do que esperávamos; assim, chegamos antes do fotógrafo e do resto da equipe. Enquanto Barry descarregava algumas coisas do carro, eu entrei. Fiquei sem fôlego. O local parecia mais uma igreja do que um celeiro. Toda a madeira tinha sido pintada de branco. O teto era alto, e uma luz natural invadia o espaço pelas janelas. Barry tinha trazido uma cadeira branca de casa, e ele a colocou no centro do celeiro, depois voltou até o carro para pegar minha bolsa com as roupas. Houve silêncio no local, e, por um momento, o sol rompeu as nuvens de chuva, lançando um brilho dourado sobre a cadeira branca no centro daquele espaço vasto e vazio, e, em meu espírito, ouvi meu Pai dizer: "Venha e sente-se um pouco." Ele estivera esperando o tempo todo. Fiquei sentada ali, amada.

É difícil explicar isso, mas, quanto mais vazias ficam as minhas mãos diante de Deus, mais se enche o meu coração. O convite é para todas nós.

"Parem de lutar! Saibam que eu sou Deus!" (Salmos 46:10)

"Abandonem o caos! Olhem bem para mim, seu Deus Altíssimo, que está acima da política, acima de tudo." (Salmos 46:10, A Mensagem)

---

* Em alusão à marca de sorvete Ben & Jerry's. [N. do R.]

Vamos fazer uma pausa aqui e permitir que o amor de Deus nos cerque. Eu sei que sua vida é loucamente corrida e que a ideia de se aquietar é o número 36 em sua lista de afazeres, mas você foi feita para mais.

Naquele dia, enquanto eu estava sentada na cadeira, na quietude, todo o resto deixou de ser importante. Sim, minhas calças *jeans* ainda estavam um pouco apertadas, mas quem se importa? Meu suéter conseguia esconder minha falta de força de vontade. Eu fui lembrada de como Deus me vê — amada, escolhida, resgatada pelo preço mais alto que alguém já pagou por qualquer coisa. O mesmo se aplica a você. Não fique sentada no escuro; deixe entrar a luz do amor de Deus.

Você é bem-vinda aqui

Eu só pude vê-la quando foram acesas as luzes para o intervalo matinal. A igreja estava cheia, com exceção do último banco à esquerda, no qual havia uma mulher sentada, sozinha. Quando as luzes se acenderam, ela pegou sua bolsa e foi para o saguão. Eu me perguntei se ela estava sozinha. Mais tarde, naquele mesmo dia, eu a vi de novo. Ela estava sentada num banco do lado de fora da igreja. Eu tinha saído por uma porta lateral para respirar um pouquinho de ar fresco e, quando a vi, fui até ela e perguntei se poderia sentar-me ao seu lado. Ela removeu a bolsa, e eu sentei. Ficamos caladas por alguns momentos, mas então ela me contou que tinha dirigido quatro horas para participar da conferência. Eu agradeci a vinda e perguntei se não havia ninguém que poderia ter-lhe feito companhia durante a viagem. Ela sorriu, de um jeito triste, e disse que conhecia todas as mulheres nos dois bancos da frente. Eram todas da igreja que costumava frequentar. Perguntei por que ela não se sentou com elas. A mulher respirou fundo e baixou a cabeça. Sua história é igual a tantas outras que já ouvi. As circunstâncias mudam um pouco, mas a essência é a mesma: uma queda da graça.

"Eu não sou bem-vinda onde me conhecem", ela disse. E me contou muito mais, mas cabe a ela contar sua história, não a mim. Naquele banco, naquele dia, essa mulher permitiu que eu orasse em seu favor, enquanto ela clamava pela misericórdia de Deus. Tive a alegria de lembrá-la de que a presença do seu Pai é o lugar no qual ela é conhecida e sempre bem-vinda.

Ele está esperando, sempre esperando. O que mais a incomodava é que ela sabia que aquilo que estava fazendo era errado, mas fez mesmo assim. Eu lembrei que foi por isso que Jesus veio. Jesus não sacrificou a própria vida por aqueles que acham ter o direito de colocar-se à frente do altar e apresentar uma lista de tudo o que fizeram certo. Jesus veio para aqueles que se sentam nos fundos e clamam: "Deus, tem misericórdia de mim, que sou pecador".

Às vezes, é o nosso pecado que nos impede de orar. Às vezes, é a nossa correria. Às vezes, é porque não temos certeza se Deus está ouvindo. Deus está esperando por você. Ele está ouvindo. Não importa se você está em seu armário de oração, numa caminhada pela floresta ou sentada na cadeira, no meio do maior ambiente de sua casa; deixe que o amor de Deus cubra você. Ele está esperando você. Venha como está.

A mulher de oração sabe que Deus a está ouvindo neste exato momento.

LEMBRETES DE ORAÇÃO

1. Neste instante, Deus convida você a vir como está.
2. Deus está esperando e ouvindo.
3. Ore com humildade e peça a misericórdia de Deus.

UMA ORAÇÃO PARA LEMBRÁ-LA DE QUE DEUS ESTÁ ESPERANDO POR VOCÊ

Pai,

Obrigada por estar esperando por mim. Minha mente está ocupada. Meus pensamentos me arrastam em tantas direções diferentes! Ensina-me a me aquietar em ti. Ajuda-me a conhecer o teu amor. Ajuda-me a vir para diante de ti como uma criança de mãos vazias. Enche meu coração neste momento com a tua presença. Eu esperarei contigo. Oro em nome de Jesus. Amém.

CAPÍTULO TRÊS

Ore... e não desista

A mulher de oração nunca para de orar até receber a resposta de Deus.

Nosso lema deve continuar a ser "perseverança". Confio que, no fim, o Todo-poderoso coroará nossos esforços com sucesso.

WILLIAM WILBERFORCE

Por isso lhes digo: Peçam, e lhes será dado; busquem, e encontrarão; batam, e a porta lhes será aberta. Pois todo o que pede [com persistência], recebe; o que busca [com persistência], encontra; e àquele que bate [com persistência], a porta será aberta.

LUCAS 11:9,10

Sempre fui moleca. Eu não era uma daquelas garotas que sabiam, desde o momento em que seguraram sua primeira boneca, ter sido feitas para ser mães. Eu amava as crianças de outras pessoas, mas nunca senti que deveria ter filhos. Eu queria um cachorro. Quando me tornei tia pela primeira vez, fiquei entusiasmada ao segurar aquele bebê, mas fiquei igualmente feliz quando pude devolvê-lo à minha irmã assim que ele começou a chorar com uma intensidade que deixou o gato aterrorizado! Instintivamente, minha irmã soube o que fazer. Algumas mulheres parecem ter aquele gene maternal inato.

Tenho uma amiga que tem treze filhos. Treze! Nenhum gêmeo, nenhuma criança adotada, grávida treze vezes. Certa vez, perguntei-lhe como ela conseguia não perder ninguém, já que vivem no campo. Ela me disse que conta seus sapatos na porta. Que mulher!

Conheci meu marido Barry quando eu tinha 37 anos. Ele é sete anos mais novo do que eu, e faz questão de sempre me lembrar disso.

Eu o tinha observado com suas sobrinhas e sobrinhos, sabia que ele amava crianças e que suas chances de ter uma família grande comigo não eram boas, a não ser que adotássemos ou tivéssemos filhos de criação. Eu me lembro de dizer a ele que talvez devesse encontrar uma mulher mais nova do que eu. Barry rejeitou a ideia, e nós nos casamos num lindo dia de neve em dezembro, em Charleston, na Carolina do Sul. Depois do casamento, fizemos de tudo para que eu engravidasse, mas, como acontece com muitas mulheres, cada novo mês trazia uma decepção. Após um ano de tentativas, procurei minha médica para ver se eu ainda podia conceber. Ela foi muito positiva e encorajadora; sua enfermeira, nem tanto. "Todos os seus óvulos devem estar cozidos a esta altura!"

Pela primeira vez na minha vida, eu ansiava por uma criança. Sempre que passava por uma mãe com seus pequeninos no *shopping* ou no supermercado, eu sentia uma agulhada no coração. Essas mulheres pertenciam a uma comunidade para a qual, talvez, eu nunca seria convidada. Implorei a Deus, pedindo que ele nos desse um filho. Quando orava, eu lhe dizia que, se ele me desse um único filho, eu o amaria com cada célula do meu ser. E, então, aconteceu! Quando vi o sinal positivo no teste de gravidez, eu o deixei cair. Ele ficou caído de cabeça para baixo no chão do banheiro, e eu tinha medo de pegá-lo caso fosse um engano. Fui até a farmácia e comprei outro. Esse também disse que eu estava grávida. Mesmo assim, eu não tinha certeza, pois havia comido muito carboidrato na noite anterior, então voltei para a farmácia e comprei mais um teste. A moça no caixa disse: "Aceite, querida, você está grávida." Ela estava certa.

Eu não sabia como dizer ao Barry. Pensei que, provavelmente, deveria organizar uma festa, e contratar uma banda, e comprar balões, mas, como ele estaria em casa em quarenta minutos, tive de descartar essas ideias. Em vez disso, arrumei a mesa para o jantar, com velas e flores frescas, coloquei o teste de gravidez no seu prato e o cobri com uma tampa de prata em forma de cúpula. Eu tinha planejado cada detalhe de como faria a revelação. Começaríamos com uma salada, e eu perguntaria sobre seu dia. Então, traria a *pièce de résistance* e a colocaria na frente dele. Mas, no momento em que ele entrou pela porta, meu plano perfeito se desfez em fumaça e eu gritei: "Estamos grávidos!"

Quando aquilo que você pediu dá errado

As primeiras semanas da minha gravidez foram uma alegria absoluta. Eu contava a estranhos que estava grávida. Lia livros para o miudinho na minha barriga e tocava uma variedade de músicas para ver se ele gostava mais de *country* ou *pop*. Quando fomos fazer a ultrassonografia, soubemos que o bebê era menino. Estávamos tão felizes! Então, um telefonema interrompeu nossa felicidade. Eu teria quarenta anos de idade quando fosse dar à luz, e minha médica havia pedido alguns exames adicionais, um deles sendo um teste de amniocentese. Quando os resultados vieram, ela pediu que fôssemos até o consultório. Ficamos de um lado de sua escrivaninha, e do outro estava ela, sentada, segurando uma pasta marrom. Não me lembro de tudo o que ela disse, mas lembro disto: "Seu bebê é incompatível com a vida."

Fiquei olhando para a médica como se ela estivesse falando uma língua estrangeira. Era uma expressão que eu nunca tinha ouvido antes. Tanto Barry como eu ficamos calados. Estávamos chocados. Ela continuou falando sobre "marcadores" e "anormalidades" e o que meus resultados mostravam. Eu conseguia ver como a boca dela se mexia, mas parecia que minha cabeça estava dentro de uma esfera de vidro e eu não conseguia ouvi-la. Então ela disse que recomendava um aborto no dia seguinte. Ouvi aquilo, e suas palavras me trouxeram de volta para a realidade. Eu estava chocada. "Não!", eu disse veementemente. "Não! Absolutamente não. Este pequenino terá cada dia que Deus planejou para ele."

Voltamos para casa em silêncio. Não havia nada que pudéssemos dizer. Durante as semanas seguintes, um pensamento me atormentava: eu tinha implorado a Deus para que ele me desse um filho, e agora ele o tiraria de nós antes de termos a chance de amá-lo. Por quê? Eu me sentia como se estivesse caindo num buraco escuro. Em alguns dias, eu sentia raiva; em outros, a tristeza me deixava assolada. Um dia, porém, tudo mudou.

Acordei cedo e fui até a praia, pois estávamos vivendo no Sul da Califórnia naquela época. A praia estava deserta, minhas únicas companhias eram as gaivotas. Tirei meus sapatos, caminhei até a linha d'água e orei. Orei como nunca tinha orado antes, em voz alta para o vento, e para as ondas, e para os pássaros.

> *Jesus! Meu coração está doído. Não entendo isso, mas quero declarar aqui e agora que nós estamos nisso juntos. Sempre precisei de ti, mas neste momento preciso de ti mais do que nunca. Não sei como isso acabará, mas não te soltarei por um instante. Tu não me prometeste felicidade, mas tu prometeste que nunca me abandonarias. Não te soltarei. Não desistirei. Tu e eu — estamos nessa juntos.*

Algo mudou dentro de mim. Eu não fazia ideia de quanto tempo ainda teria para carregar meu filho, mas tornei-me incansável em minhas orações — não por um desfecho perfeito, mas pela presença de um Pai perfeito. Na 35ª semana, minha médica ligou. Segurei a respiração. Ela me contou que, no dia em que recebeu meus resultados, tinha recebido também os resultados de outra mulher de 45 anos. Os resultados dela tinham acabado na minha pasta, e os meus, na dela. Nunca houve qualquer problema com nosso filho. Caí de joelhos e agradeci a Deus, mas então orei pela outra mãe, que estaria recebendo uma ligação bem diferente. Eu acredito na soberania de Deus, e muitas vezes me perguntei se eu poderia carregar o fardo dela por um tempo. Não sei a resposta a isso, mas sei que, quando meu coração estava partido, eu aprendi a me agarrar a Deus como nunca antes na minha vida.

Não sei que batalha você está enfrentando neste momento. Talvez seja uma batalha por seu filho, seu casamento, sua saúde ou sua sanidade, mas quero que saiba disto: quando oramos e nos recusamos a desistir, não importa quanto tempo uma resposta leve para chegar, as coisas mudam. Se você estiver desencorajada, deixe-me dizer, em nome de Jesus: persista! O que o inimigo mais quer é que desistamos e paremos de orar. Graciosamente, Jesus nos deu a parábola que descrevo mais adiante para deixar claro que, não importa quão difícil seja a situação em que você se encontra, não importa quão longa seja a noite de luta e de sofrimento que você está atravessando, jamais, jamais deixe de orar.

A mulher que se recusou a desistir

Uma das ilustrações mais poderosas dadas por Jesus de como é orar, e orar, e nunca desistir é a história de uma viúva que se recusou a deixar para lá.

> Então Jesus contou aos seus discípulos uma parábola, para mostrar-lhes que eles deviam orar sempre e nunca desanimar. Ele disse: "Em certa cidade havia um juiz que não temia a Deus nem se importava com os homens. E havia naquela cidade uma viúva que se dirigia continuamente a ele, suplicando-lhe: 'Faze-me justiça contra o meu adversário'. Por algum tempo ele se recusou. Mas finalmente disse a si mesmo: 'Embora eu não tema a Deus e nem me importe com os homens, esta viúva está me aborrecendo; vou fazer-lhe justiça para que ela não venha mais me importunar'." E o Senhor continuou: "Ouçam o que diz o juiz injusto. Acaso Deus não fará justiça aos seus escolhidos, que clamam a ele dia e noite? Continuará fazendo-os esperar? Eu lhes digo: Ele lhes fará justiça, e depressa. Contudo, quando o Filho do homem vier, encontrará fé na terra?" (Lucas 18:1-8)

Essa parábola revela tanto sobre a oração! Imagine agora que você está sentada aos pés de Jesus, travando suas batalhas, e ele toca seu lindo rosto com as mãos e lhe revela um segredo do Reino, dizendo-lhe como você deve orar quando se sentir oprimida e prestes a desistir. Talvez você venha travando suas batalhas há muito tempo e está tentada a acreditar que Deus não ouve, que ele não se importa. Eu oro para que essa parábola afaste esses pensamentos. Deus está ouvindo você. Ele se importa com você. Veja o que Jesus disse. Gosto muito do jeito como Lucas explica-nos: "Então Jesus contou aos seus discípulos uma parábola, para mostrar-lhes que eles deviam orar sempre e nunca desanimar" (Lucas 18:1).

Não há muito mistério aqui. Está perfeitamente claro. Os ouvintes às vezes tinham dificuldade em entender as parábolas de Jesus. Não aqui. Jesus deseja que saibamos que oração persistente é importante. Oração persistente muda as coisas. Esse tipo de oração não é como "Deus, abençoa meu filho". É uma oração que faz você cair de joelhos, com total empenho na batalha, recusando-se a desistir até receber uma resposta de Deus.

Jesus faz uma comparação entre um juiz que deveria estar disposto a ajudar uma viúva pobre, mas não quer dedicar-lhe tempo, e Deus, um Pai amoroso que se comove com o clamor de seu povo. Nessa parábola, o juiz não se importa com Deus nem com o fato de, algum dia, ter de prestar contas a ele. O juiz é a definição da lei própria. Ouvir que esse juiz não apenas não teme a Deus, como também não se importa com as pessoas permite-nos fazer algumas suposições sobre ele. Um homem como esse é suscetível ao pior tipo de corrupção e suborno. Se quiser justiça dele, você vai precisar encontrar um jeito de fazer valer a pena para ele. Assim, uma viúva sem *status* e dinheiro naquela sociedade não tinha qualquer esperança.

Deus, por sua vez, convida-nos a virmos até ele de mãos vazias e abertas, e ele nos diz que ouvirá nosso clamor e responderá. Nossa cultura é obcecada por dinheiro, *status* e seguidores nas mídias sociais. Podemos ser tentados a achar que não temos voz significativa neste mundo. No entanto, se não tivermos cuidado, esse sentimento afeta nosso relacionamento com Deus. Talvez você espere que Deus ouça as orações do seu pastor ou daqueles cuja fé você admira, daqueles que têm plataformas importantes, mas você se coloca no fim da lista de afazeres de Deus. Esse não é o caso. Você não está no fim da lista de afazeres de Deus; está no topo. Deus não liga se você escreveu um livro, foi palestrante numa conferência ou qualquer outra coisa que se possa considerar importante. Ele espera ouvir de você. Ele se importa com você. Ele ama você.

Vi esse tipo de confiança na fé da minha mãe. Como mãe solteira que precisava criar três filhos, os recursos dela eram muito limitados. Muitas vezes, ela dependia da bondade de amigos da igreja, dos quais recebia comida para ocasiões especiais como o Natal ou roupas para uma tribo em fase de crescimento (como as calças do meu irmão), mas, quando nos reuníamos para orar, ela não vinha para diante de Deus como uma viúva pobre pedindo ajuda. Ela vinha da forma como uma filha do Rei entra na presença de seu Pai. Não procurava um juiz que a visse como mais um pedinte insignificante; ela ia ao Rei do céu, cuja porta sempre lhe estava aberta. Uma coisa que eu sabia sobre minha mãe é que ela era persistente, incansável em oração, e isso tinha base em seu relacionamento com o Pai.

Muitas de vocês me escreveram sobre a situação em que se encontram. Algumas perderam a renda, ou um marido as abandonou. Uma carta que partiu meu coração veio de uma mulher que tinha ganhado peso e ainda estava solteira, acreditando que ninguém jamais desejaria ficar com ela. Qualquer que seja sua história, por favor, lembre-se de que, mesmo que todas as portas se fechem na sua cara, a porta para a presença do seu Pai nunca, nunca se fechará. Não perca isso de vista. Estamos acostumadas a ver frases encorajadoras em memes ou adesivos, mas essa é a verdade que muda vidas. Aquele que mantém o universo em ordem, que está sentado no trono eterno, diante do qual todos se ajoelharão um dia — e toda língua confessará que ele é Senhor — ama você! Você não é esquecida nem ignorada; é vista, e amada, e ouvida. Por isso Jesus diz que não devemos perder o ânimo.

Na parábola, Jesus ressalta que até mesmo um juiz corrupto acabará cedendo a essa mulher que se recusa a desistir, simplesmente para poder livrar-se dela. Sempre que ele sai pela porta da frente, lá está ela! Imagine então seu Pai, que ama você, quanto responderá a suas orações fervorosas!

Às vezes, acreditamos que a ausência de uma resposta rápida às nossas orações significa que Deus as está ignorando ou nem mesmo ouvindo. Vivemos num mundo de soluções rápidas em que esperamos respostas imediatas. Quando ficamos na fila de espera por alguns minutos, numa ligação com uma empresa de comunicação, queremos desligar. (Não me pergunte como sei disso!) Como filhas de Deus, precisamos renovar nossa mente sobre o que é verdade eterna e o que é uma crença popular. Persistência, compromisso e oração intencional são valores profundamente espirituais. E nós os estamos perdendo em nossa comunidade cristã; em vez disso, queremos adoração instantânea e mensagens curtas para que possamos ir para casa e tirar nosso cochilo da tarde.

Como o resto do mundo, assisti horrorizada às chamas devorando o telhado da Catedral de Notre-Dame, em Paris. Muitas doações foram feitas para reconstruir esse lugar histórico de adoração, mas o comentário de um padre francês no noticiário daquela noite foi muito revelador. Ele disse que os tipos de artesãos que construíram catedrais no passado não mais existem. A maioria deles nunca chegou a ver a obra concluída em sua vida.

Esses artesãos dedicaram sua vida a algo maior do que eles, e parece que ninguém mais está disposto a tal coisa. Deus está chamando suas guerreiras para investirem sua vida em algo que é maior do que elas mesmas: o Reino de Deus. Esse tipo de mulher entrega sua vida à oração incessante.

O que Jesus encontrará?

O último versículo na parábola sobre a viúva persistente é muito significativo: "Contudo, quando o Filho do homem vier, encontrará fé na terra?" (Lucas 18:8).

Visto que essa pergunta se encontra no fim da parábola sobre a oração, o texto indica que, quando Cristo voltar, ele dirá o tamanho da fé de cada um de acordo com o quanto persistiram na oração. Ele encontrará alguns que oraram e então desistiram, porque ficou difícil demais, e alguns que se recusaram a desistir, independentemente das dificuldades que encontraram. A pergunta é esta: quantos ele encontrará que persistiram em oração? Esse tipo de vida de oração não se baseia em resultados, mas na fé em Cristo. Eu tenho sido os dois tipos de pessoa. Já orei durante situações difíceis e angustiantes e, outras vezes, simplesmente desisti. O fardo parecia pesado demais, e desisti. Talvez eu tenha desistido porque estava carregando meu fardo em vez de depositá-lo aos pés do trono da graça e da misericórdia a cada dia. Agora estou aprendendo — e essa parábola tem ajudado — a orar, e orar, e orar até sentir que Deus está cansado de me ouvir, embora eu saiba que ele não está.

Mesmo que seus amigos decepcionem você

Lucas narra a segunda história que Jesus contou sobre ser persistente em oração.

> Então lhes disse: "Suponham que um de vocês tenha um amigo e que recorra a ele à meia-noite e diga: 'Amigo, empreste-me três pães, porque um amigo meu chegou de viagem, e não tenho nada para lhe oferecer'. E o que estiver dentro responda: 'Não me incomode. A porta já está

fechada, e eu e meus filhos já estamos deitados. Não posso me levantar e lhe dar o que me pede'. Eu lhes digo: embora ele não se levante para dar-lhe o pão por ser seu amigo, por causa da importunação se levantará e lhe dará tudo o que precisar. Por isso lhes digo: Peçam, e lhes será dado; busquem, e encontrarão; batam, e a porta lhes será aberta. Pois todo o que pede [com persistência], recebe; o que busca [com persistência], encontra; e àquele que bate [com persistência], a porta será aberta." (Lucas 11:5-10)

Antes de analisarmos essa história, quero chamar sua atenção para o modo como esse capítulo em Lucas começa. Começa com um pedido dos discípulos: "Certo dia Jesus estava orando em determinado lugar. Tendo terminado, um dos seus discípulos lhe disse: 'Senhor, ensina-nos a orar, como João ensinou aos discípulos dele'" (Lucas 11:1).

Sempre imaginei João Batista como um profeta que pregava no deserto, mas os discípulos de Jesus viam João como um homem de oração. Assim como Isaque tinha sido um milagre nascido para Abraão e Sara em sua idade avançada, João foi um milagre nascido para seus pais Zacarias e Isabel. Ambos são descritos como de idade avançada, e Isabel era infértil. João foi um bebê milagroso, cheio do Espírito Santo antes mesmo de nascer, mas era também um homem de oração. Ele foi aquele que teve o privilégio de batizar Jesus. João sabia que acabara de batizar o Messias, mas não pensou: *Missão cumprida*. Ele continuou sendo um homem de oração. Viu e ouviu coisas que só podemos imaginar.

> Então João deu o seguinte testemunho: "Eu vi o Espírito descer dos céus como pomba e permanecer sobre ele. Eu não o teria reconhecido, se aquele que me enviou para batizar com água não me tivesse dito: 'Aquele sobre quem você vir o Espírito descer e permanecer, esse é o que batiza com o Espírito Santo'. Eu vi e testifico que este é o Filho de Deus." (João 1:32-34)

Se João, que viu tanto, era um homem de oração, quanto mais deveríamos ser?

Também é interessante notar que os discípulos de Jesus não lhe perguntaram como curar enfermos ou ressuscitar mortos. Não perguntaram como redigir um bom sermão com abertura, desenvolvimento e conclusão. Pediram que Jesus os ensinasse a orar. Estudaremos o Pai Nosso em outro capítulo, mas, por ora, vejamos como ele respondeu à pergunta dos discípulos.

Jesus contou uma história sobre alguém que aparece à porta de um amigo à meia-noite. Ele estava em busca de alguns sanduíches. Jesus deixa claro que a pessoa na casa era um amigo, não um estranho ou um juiz impiedoso, mas um amigo: "Embora ele não se levante para dar-lhe o pão por ser seu amigo [...]" (Lucas 11:8).

Novamente, nessa parábola, o ponto principal é a persistência em oração, mas outra mensagem se esconde nas palavras. Eventualmente, o amigo se levanta, mas não por causa da amizade. Ele se levanta porque quer voltar a dormir! Jesus admite que, às vezes, querendo ou não, nós decepcionamos uns aos outros.

Eu sei que você já passou por isso. Talvez tenha enfrentado um divórcio doloroso e precisa que suas amigas entendam a profundidade de sua dor, a solidão, o fardo de criar seus filhos sozinha. Por um tempo, elas estão bem ali do seu lado, mas a vida continua, e elas são pegas em suas próprias vidas e famílias. É fácil sentir-se esquecida, ignorada. Ou, se você estiver sofrendo de algum problema de saúde, no início suas amigas fazem de tudo por você, mas, então, o tempo passa, e elas deixam de estar tão presentes. Talvez você precise mais delas agora do que no começo, mas sente como se tivessem seguido adiante.

Jamais seremos suficientes uns para os outros. O coração humano é tão complicado, tão profundo, que as feridas do passado podem abrir-se no momento mais inesperado e nos puxar para baixo. Aqui, o que Jesus está dizendo é que a realidade é essa. Nossos amigos e nossa família jamais serão tudo de que precisamos, e nós jamais seremos tudo de que eles precisam. Mas Jesus é sempre mais do que o suficiente. Ele é sempre mais do que precisamos. E ele sempre está presente.

Uma das coisas com as quais luto é o isolamento. Eu costumava pensar que isso se devia à minha luta contra a depressão, mas acho que é mais do que isso. Quando as pessoas experimentam qualquer tipo de abuso na infância, elas reagem de modos diferentes. Como eu tinha experimentado abuso físico por parte de meu pai antes de ele cometer suicídio, tornei-me muito autoprotetora. Eu não esperava a ajuda de ninguém. Precisava ajudar a mim mesma. Lembro-me de ter assistido ao filme *Cinderela* com um grupo de amigas num aniversário. Elas adoraram o filme, eu o odiei. Minha reação foi muito forte, porque a ideia de um príncipe vindo ao meu socorro contrariava tudo o que eu havia experimentado na vida até então.

Preciso ter cuidado, ainda agora, para não voltar a assumir aquela postura autoprotetora quando me sinto vulnerável. Fiquei muito sensível com a morte da minha mãe, e também ressentida porque uma das minhas amigas mais próximas, que deveria ter entendido como eu estava sofrendo, simplesmente não estava lá por mim. À medida que as semanas passavam sem ter notícias dela, entrei cada vez mais no modo "quem precisa de você?", o que não é muito atraente para uma cristã madura. Mas voltar às velhas formas de pensar é tão fácil! O que estou aprendendo é que parte da oração, quando queremos parar, consiste em levar tudo o que somos para Cristo e não desistir. Quando criança, eu acreditava que ninguém viria ao meu socorro. Eu estava errada. Existe um Príncipe, e seu nome é Jesus.

Deus é por você

O que você perguntaria a Jesus se pudesse vê-lo? Se ele estivesse sentado à sua frente, do outro lado da mesa na cozinha, ouvindo, convidando você a pedir qualquer coisa que estivesse em seu coração, o que pediria? Por que não faz uma lista? Seja o mais específica possível. Imagine-o ali, de braços abertos, com os olhos cheios daquele tipo de amor que muda tudo. Nós temos dificuldades de imaginar esse amor. Nunca o experimentamos em lugar algum; e, assim, ser convidada e acolhida com entrega total parece errado. Parece bom demais para ser verdade. Sabemos demais sobre nós mesmas. Mas não existe nada que tenhamos feito, nenhum segredo que possamos guardar, nenhuma vergonha que possamos ter enterrado que ele não saiba.

Quando eu discurso numa conferência, costumo pedir às mulheres que imaginem ter havido uma mudança de planos. Em vez de ouvirem minha palestra, elas assistirão a um filme sobre suas vidas — tudo o que fizeram, tudo o que disseram, a versão do diretor, sem cortes. Então eu lhes faço a mesma pergunta que dirijo a você agora: como você se sentiria? Reflita um pouco sobre isso. Para a maioria de nós, essa ideia é aterrorizadora. Mas a verdade do evangelho é que Deus assistiu ao seu filme e ama você mesmo assim. Como acreditar nisso, de fato, mudaria sua vida? Contemplar estas duas coisas ao mesmo tempo é radical. Primeiro, Deus sabe tudo a nosso respeito, o bom, o ruim e o muito feio. Segundo, ele nos espera com braços de amor abertos. Jesus contou inúmeras histórias para ajudar seus ouvintes a entender que Deus não está atrás deles para puni-los ou enganá-los, mas para amá-los.

Logo após admoestar todos a pedir, a buscar e a bater à porta, em Lucas 11, Jesus diz isto: "Qual pai, entre vocês, se o filho lhe pedir um peixe, em lugar disso lhe dará uma cobra? Ou se pedir um ovo, lhe dará um escorpião?" (Lucas 11:11,12). Quando Mateus conta essa história, ele acrescenta uma coisa: "Qual de vocês, se seu filho pedir pão, lhe dará uma pedra?" (Mateus 7:9).

Aqueles que ouviram Jesus naquele dia imaginavam coisas bem diferentes do que você e eu. As coisas que Jesus comparou eram muito parecidas, e as pessoas sabiam disso. Enguias viviam no Mar da Galileia, e, muito provavelmente, Jesus se referia a elas quando falou de cobras. A dieta dos judeus proibia o consumo de enguias, então a pergunta era: "Qual pai, entre vocês, se o filho lhe pedir um peixe, em lugar disso o fará comer algo que ele não pode comer? Ou, se pedir um ovo, lhe dará um escorpião?" Existe um tipo de escorpião de cor pálida que, quando descansa, recolhe seu ferrão e suas pinças e se parece com um ovo pequeno. Que pai daria isso ao filho? Se seu filho estivesse com fome e pedisse um ovo, você lhe daria algo que o picasse e ferisse? As pequenas pedras nas margens do Mar da Galileia apresentam a forma de pequenos pães, mas quem as daria ao filho como comida?

Todos os anos, no aniversário de Christian, eu oro pela mulher que nunca conheci, aquela cujos exames médicos acabaram na minha pasta, e os meus, na dela. Não tive permissão de saber quem ela era ou o que aconteceu com sua gravidez, mas peço a Deus que ele a abrace com seus braços de amor. Quanto a Christian, ele completará 24 anos em dezembro, e eu continuo orando!

Deus não quer enganar-nos ou prejudicar. A persistência na oração, não importa quão difícil seja ou quanto tempo uma resposta demore, só acontecerá se acreditarmos que Deus é quem ele afirma ser. Se duvidarmos de seu amor, não nos entregaremos à oração. Se acreditarmos e recebermos esse amor, vamos mergulhar nela com tudo o que temos e somos. Talvez seja por isso que amo tanto o oceano. Quando olho para aquela imensidão, vislumbro um pouquinho do vasto amor de Deus.

A persistência na oração, não importa quão difícil seja ou quanto tempo uma resposta demore, só acontecerá se acreditarmos que Deus é quem ele afirma ser.

> Aqui está o amor, vasto como o oceano,
> a bondade amorosa como o sangue precioso
> que o Príncipe da vida, o nosso resgate, derramou por nós.
> Quem seu amor não lembrará?
> Quem pode cessar de cantar o seu louvor?
> Ele jamais pode ser esquecido
> por todos os dias eternos do céu.
>
> WILLIAM REES[1]

> A mulher de oração nunca para de orar até receber a resposta de Deus.

LEMBRETES DE ORAÇÃO

1. Ore com ousadia e nunca desista.
2. Quando orar, acredite que Jesus é o suficiente para o que você está enfrentando.
3. Persista em oração, pois você sabe que Deus é quem ele afirma ser.

UMA ORAÇÃO PARA QUANDO VOCÊ QUER DESISTIR

Pai,

Quero ser inabalável em oração. Não quero desistir. Quero pedir e continuar pedindo. Quero procurar e continuar procurando. Quero bater e continuar batendo à porta. Às vezes, desanimo. Às vezes, perco a esperança. Mas quero ser o tipo de mulher que ora até receber uma resposta. Espírito Santo, dá-me firmeza. Em nome de Jesus, amém.

CAPÍTULO QUATRO

Ore ainda mais quando é mais difícil orar

A mulher de oração insiste em orar mesmo quando a vida é dura.

Quando oramos pela ajuda do Espírito [...] nós simplesmente nos prostramos aos pés do Senhor em nossa fraqueza. Lá encontraremos a vitória e o poder que vêm do seu amor.

ANDREW MURRAY

Indo um pouco mais adiante, prostrou-se e orava para que, se possível, fosse afastada dele aquela hora. E dizia: "Aba, Pai, tudo te é possível. Afasta de mim este cálice; contudo, não seja o que eu quero, mas sim o que tu queres."

MARCOS 14:35,36

Venho fazendo dieta há quarenta anos. Perdi e ganhei os mesmos cinco ou sete quilos inúmeras vezes. Eu os chamo "quilos saudosos", pois sempre encontram um jeito de voltar para casa. Vocês podem achar que é pouco peso, mas, na minha estrutura óssea, a sensação é de muito. Algumas pessoas ganham um pouco de peso espalhado pelo corpo inteiro, então não fica tão óbvio. Eu não. Eu ganho meu peso nos joelhos. Nenhuma mulher quer joelhos gordos. Nenhuma mulher que vive no Texas, onde o calor permite fritar um bife na calçada, quer joelhos gordos. No verão, é fácil identificar-me numa multidão. Eu sou a única que não usa *shorts*!

Cite uma dieta; eu a fiz... várias vezes. Tomei sopa de repolho até quase perder a vontade de viver. Comi carne bovina e frango, e nada mais; mesmo assim, aquelas tirinhas para detectar corpos cetônicos não mudavam de cor. A verdade é que todas essas dietas diferentes funcionam; sou eu que não funciono. Na metade do primeiro dia de uma dieta nova, já me pego pensando: *Acho que gosto mais daquela outra dieta.* Então, quando Barry me disse que seguiria a dieta Jejum de Daniel por vinte dias, aquilo chamou minha atenção. No entanto, ele explicou que isso nada tinha a ver com uma dieta ou com meus joelhos. Era um compromisso que ele estava assumindo para se aproximar mais de Deus e se aprofundar na oração. Eu podia ver que Barry estava falando sério. Ele estava determinado a buscar a Deus, independentemente de quão desagradável fosse ou de quanto desejasse comer um frango frito.

Agora ficou sério!

Na sua vida, houve momentos em que você precisou levar a oração para o próximo nível? Você foi persistente, incessante, mas o fardo que carregava não estava ficando mais leve. E então percebeu que, mais do que uma resposta à oração, o que você realmente desejava era a presença de Deus. Foi isso que Barry me comunicou. Já por algum tempo, ele vinha sentindo que tinha perdido um pouco da alegria em seu relacionamento com Deus, e, quando ele orava, Deus parecia estar distante. Orar era difícil. Ele precisava de uma conquista e acreditava que o Jejum de Daniel conseguiria fornecer uma. Não sei se você conhece esse jejum. Aparentemente, existem várias versões e níveis de compromisso, mas Barry mergulhou de cabeça.

"Naquela ocasião eu, Daniel, passei três semanas chorando. Não comi nada saboroso; carne e vinho nem provei; e não usei nenhuma essência aromática, até se passarem as três semanas" (Daniel 10:2,3).

Durante 21 dias, Barry comeu verduras e arroz integral, sem açúcar ou sal. Bebeu apenas água; nada de café nem refrigerante. Ele é um grande devoto de certa marca de refrigerante, e isso mostra como aquilo era importante para ele. Barry estava levando muito a sério o seu desejo de entrar na presença de Deus. À medida que o jejum progredia, o impacto, por sua vez, o surpreendia. Por várias manhãs ele acordou com um nome e um rosto em mente. Às vezes, eles vinham acompanhados de um chamado muito intenso para que Barry orasse por essa pessoa, então ele caía de joelhos e orava. Outras vezes, o Espírito Santo dizia-lhe que perdoasse alguém que o feriu no passado. Mesmo acreditando que já tinha perdoado aquela pessoa, era como se o Espírito Santo estivesse fazendo uma limpeza espiritual profunda. Barry orou mais quando foi mais difícil orar.

"Eu não estava pedindo uma resposta de Deus", ele me contou. "Eu estava pedindo o próprio Deus." Isso ecoou profundamente dentro de mim. Há momentos em que uma resposta não basta; precisamos da presença de Deus. Uma oração respondida pode fornecer informações, mas a presença de Deus dá paz, não importa qual seja a resposta. Eu estava prestes a descobrir em minha própria vida o quanto eu precisava dessa paz.

Uma oração respondida pode fornecer informações, mas a presença de Deus dá paz, não importa qual seja a resposta.

Isso não, Senhor!

Eu viajo muito. Percorri mais de três milhões de milhas numa única linha aérea. Basta dizer que, às vezes, fico muito cansada, mas, naquele dia em especial, meu cansaço parecia ser mais do que uma simples fadiga de viagem. Eu estava com a pior dor de cabeça da minha vida. Nunca tinha sofrido de enxaqueca, mas estava certa de que era isso que eu sentia. Era como se eu tivesse uma faixa de aço em torno da minha cabeça, sendo apertada aos poucos. Tomei dois comprimidos de Advil, apaguei as luzes e me deitei, mas a dor não diminuiu. Liguei para o consultório da minha médica para marcar uma consulta naquele mesmo dia, mas uma recente epidemia de gripe tinha lotado o consultório. Então, Barry decidiu levar-me a uma clínica médica local. Esperamos um tempo, até que uma jovem enfermeira me levou para uma sala de tratamento. Minha pressão arterial estava altíssima, o que era um pouco preocupante, mas pensei que, se eu estivesse com gripe, isso poderia ser um efeito dela. Quando o médico veio, ele fez um comentário sobre a pressão alta e então me perguntou qual era minha queixa principal. Eu disse que estava com uma terrível dor de cabeça, daí ele fez uma pergunta que, como sei hoje, é uma pergunta-chave para os médicos: "É a pior dor de cabeça que você já teve?"

Respondi que sim. A pergunta seguinte transformou a atmosfera na sala. "Alguém em sua família já teve um aneurisma?"

Quando eu lhe disse que meu pai tivera um aneurisma cerebral aos 34 anos, a linguagem corporal do médico mudou imediatamente. Ele se levantou e instruiu Barry a me levar diretamente para a emergência hospitalar mais próxima. "Diga-lhes que você precisa de uma tomografia com contraste imediatamente!"

Fizemos a viagem até a emergência em silêncio. Fragmentos da história do meu pai passaram pela minha mente. Seu aneurisma cerebral não o matou, mas mudou sua vida e a vida de toda a nossa família de um dia para o outro. O impacto imediato foi que ele ficou paralisado de um lado e perdeu a capacidade de falar, mas uma tempestade muito maior se aproximava no horizonte. Os dias foram passando, e seu comportamento começou a deteriorar. Antes um pai amoroso e bondoso, ele se transformou num estranho irritado, imprevisível e violento. Quando se tornou perigoso tê-lo em nossa casa, ele foi levado ao hospital psiquiátrico local. Ele conseguiu escapar e tirou a própria vida, afogando-se no rio que atravessa nossa cidade.

Eu me perguntei muitas vezes o que se passava em sua mente e em seu coração naqueles últimos minutos. Foi arrependimento por causa de sua violência e do terror que viu nos olhos de seus filhos? Foi desespero por causa de suas limitações profundas? Só Deus conhece a resposta a essas perguntas. Não importa o que tenha acontecido, agora eu sei que meu pai, curado e completo, está seguramente em casa com Jesus, mas, como criança, foi aterrorizante ver as mudanças que ocorriam com ele todos os dias. Quando cresci, eu costumava ter pesadelos, imaginando que a mesma coisa que o havia acertado com uma onda gigantesca também me acertaria. Eu não conseguia imaginar a agonia de estar presa num corpo que não funcionava mais como antigamente, e a ideia de me tornar uma estranha aterrorizante para aqueles que me amam era inimaginável. Agora, a caminho do hospital, parecia que aquele pesadelo poderia tornar-se a minha realidade.

Quando orar parece impossível

Eu me pergunto se você já passou por isso também. Talvez as circunstâncias tenham sido diferentes, mas o impacto, as possibilidades, tudo isso foi igual. O que você faz quando uma onda, vindo do nada, acerta você? Qual é a sua primeira reação quando perde o chão sob os pés e quase não consegue respirar? Todos nós experimentamos momentos assim na vida. Essas experiências ultrapassam os desafios comuns do dia a dia. São lugares em que nunca estivemos antes. Penso em minha amiga cujo marido tem um tumor no cérebro ou, então, na mulher que recentemente me parou numa cafeteria para dizer que ela acabara de sair do consultório de seu médico com a notícia de que está com câncer. A expressão de choque em seu rosto era de quebrar o coração. É o olhar que você tem quando é surpreendida por uma notícia para a qual nada poderia tê-la preparado. Num momento, você está pensando no que fazer para o jantar, e, no seguinte, você se pergunta se ainda estará por aqui para preparar muitos jantares.

Uma das coisas mais sagradas na minha vida é a confiança que muitas mulheres depositam em mim. Eu levo muito a sério quando alguém, seja por meio de um bilhete, seja numa conversa pessoal, compartilha sua dor e suas perguntas. Enquanto estou lendo ou ouvindo o que as pessoas me dizem, eu as levanto até o trono da graça e da misericórdia, orando a promessa deste texto sobre elas: "Assim, aproximemo-nos do trono da graça com toda a confiança, a fim de recebermos misericórdia e encontrarmos graça que nos ajude no momento da necessidade" (Hebreus 4:16).

Encontramos graça quando mais precisamos dela. Às vezes, nossa necessidade é esmagadora.

Meu filho voltou a consumir drogas, e não sei onde ele está hoje à noite.
Meu marido desviou dinheiro da nossa igreja, e ele vai ser preso.
Minha filha está vivendo com um homem que tem o dobro da idade dela, e eu acredito que ela está sofrendo abuso.

Acho que meu marido é pedófilo.
Eu tive um caso, agora estou grávida do filho de outro homem.

Como você ora quando parece que está sendo sufocada, quando os únicos sons que consegue produzir se parecem com os gemidos de um animal ferido, quando orar parece impossível? Você se pergunta se conseguirá encontrar palavras para expressar aquilo que está enfrentando. Por onde começa? A estrada adiante está imersa em escuridão completa — não há luzes, nenhuma placa que lhe possa dar alguma dica. Você não tem um mapa para essa viagem. Não, você não tem um mapa, mas, em Cristo, você tem um guia. Quando os dias mais escuros da história humana começaram a se desdobrar, Jesus nos deu um modelo de como orar quando é mais difícil orar.

E assim começa

"A minha alma está profundamente triste, numa tristeza mortal."
(Marcos 14:34)

Se você ler o evangelho de Marcos, verá que, no capítulo 14, o ritmo acelera. É o início do fim para Jesus. No final desse capítulo, Cristo foi traído e preso, mas Marcos começa preparando o palco para o último ato, contando-nos que, agora, faltam dois dias até a Páscoa e a Festa dos Pães Asmos*.

A Páscoa era uma das três grandes festas dos judeus. Milhares iam para Jerusalém a fim de celebrar, e os preparativos, feitos durante o mês anterior, eram extensos. Ruas eram restauradas, lixo era levado embora, e o significado verdadeiro da Páscoa era ensinado incansavelmente no templo. Naquela época, era comum enterrar mortos à beira da estrada, mas nenhum peregrino a caminho de Jerusalém podia entrar em contato com um corpo morto. Caso contrário, ele não poderia participar da festa. Assim, segundo o teólogo escocês William Barclay, todos aqueles túmulos ao longo da estrada eram caiados para que fossem reconhecidos e evitados.[1]

---

* Festa dos Pães sem Fermento (NVI).

Cada homem adulto que vivia dentro de 15 milhas de Jerusalém era obrigado a celebrar na cidade, mas outros milhares chegavam do mundo inteiro. A grande ironia dessa história é que Jerusalém estava lotada de pessoas que tinham ido ali para sacrificar um cordeiro a Deus, sem saber que o perfeito Cordeiro de Deus estava prestes a ser abatido do lado de fora dos muros da cidade.

O modelo de Jesus para a oração

> Ao anoitecer, Jesus chegou com os Doze. Quando estavam comendo, reclinados à mesa, Jesus disse: "Digo-lhes que certamente um de vocês me trairá, alguém que está comendo comigo." Eles ficaram tristes e, um por um, lhe disseram: "Com certeza não sou eu!" Afirmou Jesus: "É um dos Doze, alguém que come comigo do mesmo prato. O Filho do homem vai, como está escrito a seu respeito. Mas ai daquele que trai o Filho do homem! Melhor lhe seria não haver nascido." (Marcos 14:17-21)

Eu me perguntei muitas vezes como Jesus pôde sentar-se e celebrar a Páscoa com seus amigos sabendo o que aconteceria em poucas horas. Eles não faziam ideia daquilo que a noite traria, mas Jesus sabia. Eu costumava imaginar que, naquela noite, eles se reclinaram à mesa e simplesmente conversaram uns com os outros, mas estava errada. A celebração da Páscoa era um evento muito detalhado e santo, uma lembrança de como Deus libertou seu povo do Egito. Havia uma ordem para as histórias que seriam contadas, um tempo certo para o vinho ser bebido e o pão ser partido. Ervas amargas eram colocadas entre os pães asmos para lembrar a amargura do cativeiro de seus ancestrais. Hinos de libertação eram cantados. E, quando saíram da sala superior e se puseram a caminho do Monte das Oliveiras, os discípulos e Jesus cantaram o último hino da Páscoa enquanto caminhavam: "Deem graças ao Senhor, porque ele é bom. O seu amor dura para sempre! Deem graças ao Deus dos deuses. O seu amor dura para sempre! Deem graças ao Senhor dos senhores. O seu amor dura para sempre!" (Salmos 136:1-3).

Enquanto cantavam, eles não faziam ideia de quão bom ele é. Não faziam ideia de quão fiel ele é. Conforme os minutos se passavam e o momento da traição se aproximava, Jesus levou seus amigos para o jardim de oliveiras chamado Getsêmani. Não havia jardins dentro da cidade de Jerusalém, mas algumas famílias ricas tinham jardins do lado de fora dos muros da cidade. Uma dessas famílias deve ter feito amizade com Jesus e tê-lo convidado a usar seu jardim para orar. Naquela noite, deixando oito dos discípulos na entrada, Jesus entrou no jardim com Pedro, Tiago e João para que ficassem com ele. Toda a extensão daquilo que estava prestes a acontecer inundou Jesus em ondas avassaladoras. Ele sabia o que o esperava, e agora só faltavam poucas horas. Tenho dificuldades de ler os próximos versículos. Somos convidados a assistir à agonia muito íntima do nosso Salvador. Se alguma vez você já se perguntou como orar nessa situação, nesse território desconhecido e devastador, ouça. Jesus nos convida a participar de sua própria oração.

> Levou consigo Pedro, Tiago e João, e começou a ficar aflito e angustiado. E lhes disse: "A minha alma está profundamente triste, numa tristeza mortal. Fiquem aqui e vigiem." Indo um pouco mais adiante, prostrou-se e orava para que, se possível, fosse afastada dele aquela hora. E dizia: "Aba, Pai, tudo te é possível. Afasta de mim este cálice; contudo, não seja o que eu quero, mas sim o que tu queres." (Marcos 14:33-36)

A vulnerabilidade de Cristo e sua honestidade brutal me deixam perplexa aqui. Embora estivesse comprometido a atravessar esse inferno, não havia nele sinal de bravura, nenhuma postura de machão. Jesus foi honesto, a tristeza o oprimia. Lucas, o médico, nos fornece um detalhe que o relato de Marcos omite, um detalhe significativo para um homem da medicina: "Estando angustiado, ele orou ainda mais intensamente; e o seu suor era como gotas de sangue que caíam no chão" (Lucas 22:44).

O suor de Jesus caía como enormes gotas de sangue. Essa condição, hematidrose, resulta na excreção de sangue através das glândulas de suor. Não consigo imaginar o tipo de agonia que tornaria isso possível. Como médico, Lucas registrou esse fenômeno fisiológico raro, mas significativo, que ocorre apenas em casos de extrema agonia. Lucas queria que soubéssemos quanto o sofrimento de Jesus lhe custou. Houve casos raros de hematidrose registrados em nosso tempo, e o que sabemos é isto: embora a extensão da perda de sangue seja mínima, a hematidrose deixa a pele extremamente sensível e frágil, o que teria tornado a crucificação ainda mais dolorosa.

Quando você estiver atravessando o inimaginável, não pense que precisa manter a cabeça erguida e ser uma "boa testemunha". O Cordeiro perfeito de Deus deixou absolutamente claro que algumas coisas são simplesmente difíceis demais de encarar. Existem coisas que não podemos fazer sozinhos. Jesus pediu que seus amigos mais próximos ficassem com ele enquanto ele orava. Amigos não podem fazer a dor da vida ir embora, mas podem fazer-nos sentir menos sozinhos. Quando você está em seu próprio Getsêmani, não quer de fato as palavras de outra pessoa, apenas a presença dela. Foi por isso que Jesus pediu aos seus amigos que vigiassem com ele? Será que Jesus os queria acordados enquanto ele orava a fim de prepará-los para a noite violenta à frente, fazendo-os escutar sua oração repleta de agonia? Talvez eles devessem ser vigias involuntários para o som de botas em marcha e a visão de tochas acesas, a fim de que Jesus tivesse o tempo de que precisava para conversar com seu Pai.

No entanto, quando Jesus se prostrou no chão e começou a orar, ficou claro a quem ele se voltava em busca de forças. Ele não estava dependendo de seus amigos, mas de seu Pai, seu Aba. Esse é o único registro de Jesus chamando Deus de Aba. É uma maneira muito íntima e pessoal de um filho clamar ao seu papai.

O termo *Abba* ocorre apenas três vezes nas Escrituras e é usado uma vez por Jesus e duas vezes por Paulo (Marcos 14:36; Romanos 8:15; Gálatas 4:6). Paulo usou esse termo íntimo ao escrever para a igreja em Roma e para a igreja na Galácia (Turquia Central). *Abba* é uma palavra aramaica. Se você fizer uma viagem a Israel, ouvirá crianças pequenas chamando seus pais, nas feiras lotadas, de "aba", "papai". Em sua agonia, Jesus usou o termo mais familiar e familial de todos, *Abba*.

Alguns têm questionado se a agonia de Cristo era real. Sendo ele o Filho de Deus, teria uma força sobrenatural para aquilo que estava prestes a acontecer? Cristo era completamente Deus e completamente homem, e foi Cristo, o homem, que se prostrou no chão naquela noite. Jesus, em sua humanidade, não queria morrer. Ele sabia que a dor física da crucificação seria quase insuportável, mas a maior dor de todas seria aquele momento na cruz em que o pecado do mundo seria derramado sobre ele, e, pela única vez em toda a eternidade, ele estaria separado do seu Pai. Jesus orou duas coisas essenciais que precisamos entender quando enfrentamos nossos dias mais escuros.

Em primeiro lugar, ele implorou uma saída. Exclamou: "Pai, tudo te é possível. Afasta de mim este cálice" (Marcos 14:36).

Tenho ouvido a essência dessa oração de milhares de mulheres ao longo dos anos, de muitas maneiras diferentes.

Deus, tu és grande o bastante para retirar isso. Nada é impossível para ti. Tenho fé em ti. Acredito que tu podes mudar isso. Não quero fazer isso. Por favor, por favor, retira isso de mim. Salva meu casamento. Cura-me. Salva meu filho. Tu sabes que podes. Por favor, Deus, eu te imploro!

Se Cristo implorou que fosse livrado daquilo que o aguardava, por que deveríamos pensar que nos falta fé se orarmos da mesma forma? Devemos ser honestas com Deus. Somos convidadas a ir até ele como estamos, emoções à flor da pele, coração partido, desesperadas. Depois de chorarmos até não sobrarem lágrimas nem palavras, voltamos a ouvir enquanto Cristo continua a orar.

Em segundo lugar, ele orou pedindo que a vontade de Deus fosse feita. Eu chorei com amigas enquanto elas também inclinavam seus corações partidos ao nosso Deus, cujos caminhos são mais altos do que os nossos, cujos pensamentos estão muito além do nosso entendimento. Essas orações transformam uma sala em solo sagrado.

Quero que minha vida te glorifique. Sei que tu poderias mudar isso, mas, se essa não for a tua vontade, quero a tua vontade. Eu não entendo, mas aceito. Eu te amo, e, se é assim que deve ser, então eu digo "sim"!

Servimos a um Pai amoroso que chora conosco, que recolhe nossas lágrimas. Eu amo esta promessa em Salmos 56:8: "Registra, tu mesmo, o meu lamento; recolhe as minhas lágrimas em teu odre; acaso não estão anotadas em teu livro?"

Paz no não saber

O trânsito estava terrível em Dallas no dia em que Barry me levou ao hospital. Em geral já é ruim, mas naquele dia parecia especialmente lento.

Eu sabia que ele estava angustiado e preocupado pela forma atípica como buzinava para que o carro à nossa frente andasse. Eu estava em outro lugar. O que eu precisava não era de uma resposta. Eu precisava de Jesus. Reclinei meu assento, fechei os olhos e conversei com meu Pai Aba.

> *Não sei o que é isto. Estou assustada. Se houver alguma coisa no meu cérebro que está prestes a romper, por favor, impede! Não quero fazer meu filho passar por isso. Seria difícil demais. Por favor, ajuda-me.*

De repente, o trânsito começou a fluir, e, antes que eu pudesse perceber o que estava acontecendo, Barry parou o carro na entrada da emergência. Entramos numa sala cheia de pessoas — algumas com expressões desesperadas, outras aguardando uma resposta. Num canto, havia uma criança chorando, enquanto sua mãe segurava uma toalha ensanguentada em seu braço. Barry pediu que eu sentasse e foi conversar com a mulher na recepção. Não sei o que ele disse a ela, mas, de repente, fui levada para uma sala, e um médico jovem começou a fazer perguntas. Tudo parecia acontecer rapidamente. Troquei de roupa e fui levada para fazer a tomografia dentro de minutos. Fiquei deitada de costas, enquanto a maca deslizava para dentro do aparelho. Era fria e dura. Ouvi barulhos em volta da minha cabeça e fui instruída a não me mexer. Parecia que eu estava sozinha ali dentro, mas não estava.

> *Aqui estamos, Senhor. É assustador. Estou tão feliz por estares comigo. O que estou pensando é isto: eu queria que nada estivesse errado comigo, mas, mais do que isso, quero a tua vontade. Quero de verdade. Tu és o meu tudo. Se essa coisa estourar e tudo mudar, tu continuarás comigo. E tu amas Barry e Christian mais do que eu jamais poderia amá-los, por isso estou entregando tudo a ti. Eu te amo, Jesus.*

Depois da tomografia, fui levada de volta à sala onde Barry estava, e esperamos, e esperamos. Finalmente, o médico entrou. Ele disse: "Notícia boa. Tudo está bem.

Quando você está no meio dos seus dias mais difíceis, Cristo promete a presença e a paz dele.

Talvez você esteja trabalhando um pouquinho demais. Tire um dia de folga de vez em quando", então ele saiu correndo para atender o próximo paciente.

Eu me vesti e saímos dali. Era surreal. Tanto tinha acontecido em poucas horas, mas o maior presente naquele dia foi a paz que Cristo deu-me antes de eu saber o que aconteceria. Quando você está no meio dos seus dias mais difíceis, Cristo promete a presença e a paz dele.

Ele gosta quando pedimos

Na vida, existem momentos-chave que mostram a você o que vem acontecendo em seu coração e espírito, mesmo que não tenha tomado consciência de nenhum crescimento ou mudança. Tenho certeza de que você se lembra de alguns desses momentos. Algo acontece, e você não reage como teria reagido dez, vinte ou mais anos atrás. Esses momentos nos mostram como Deus, em sua misericórdia, tem-nos fortalecido e como o Espírito Santo tem-nos moldado. Uma das maiores lições que estou aprendendo com a vida de Cristo é que a oração era importante para ele, e, à medida que crescemos, ela devcria tornar-se cada vez mais importante também para nós. S. D. Gordon expressou-se desta forma ao resumir a vida de Cristo: "Trinta anos de vida, três anos de serviço, um ato tremendo de morte e 2 mil anos de oração".[2]

Pense nisso. É incrível!

Eu não sei em que ponto você se encontra quando se trata de oração. Se estiver passando por um período difícil que parece não ter fim, pode ver-se tentada a parar de orar porque nada parece estar mudando. No entanto, aprendi que, se continuo a orar, se me recuso a desistir, se oro ainda mais quando é mais difícil orar, eu sou transformada, quer as circunstâncias mudem, quer não.

Numa palestra recente, alguém me perguntou por que nos dar ao trabalho de orar se Deus já sabe de tudo. Seu pensamento era que, se Deus já sabe o que fazer, por que nos preocupar? Eu lhe disse que, se a oração foi importante para Jesus, deveria ser importante também para nós. E disse mais: eu acredito que Deus gosta quando pedimos. Sou uma grande fã de C. S. Lewis e li todos os livros infantis dele. Amo este diálogo em *O sobrinho do mago*:

— Francamente, acho que alguém devia ter providenciado a nossa comida — disse Digory.

— Tenho certeza de que Aslan teria feito isso... se vocês [Digory e Polly] tivessem pedido — Pluma respondeu.

— Ele não saberia sem que a gente pedisse? — perguntou Polly.

— Claro, respondeu o cavalo [Pluma]. — Mas acho que gosta que peçam.[3]

Eu também tenho a sensação de que Deus gosta quando pedimos. Não importa o que você esteja enfrentando neste momento, converse com seu Pai. Lembre-se da oração de Jesus no jardim naquela noite terrível. Seja honesta. Seja verdadeira. Derrame seu coração. Grite se for necessário, até ter dito tudo o que precisa dizer, então levante seu coração e suas mãos para o céu e ore com nosso Salvador: *Que seja feita a tua vontade, não a minha.* É difícil, eu sei. Se você estiver numa das situações mais difíceis da sua vida, orar pode parecer impossível. Lembre-se do nosso Salvador. Na noite em que orar parecia ser muito difícil, orar foi o mais importante para ele.

A mulher de oração insiste em orar mesmo quando a vida é dura.

LEMBRETES DE ORAÇÃO

1. Ore ainda mais quando é mais difícil orar.
2. Ore como Jesus, de modo brutalmente honesto e completamente vulnerável.
3. Ore para que a vontade de Deus seja feita.

UMA ORAÇÃO PARA QUANDO É DIFÍCIL ORAR

Pai,

Não entendo o que está acontecendo em minha vida no momento. É difícil demais. Tu és grande o bastante para mudar isso. Tu és amoroso o bastante para querer fazer isso; no entanto, nada parece mudar. Não estou gostando disso. Estou clamando por tua ajuda. Quero orar como Jesus orou, mas preciso de tua ajuda. Quero a tua vontade; ajuda-me a querê-la mais. Quero render-me; ajuda-me a abrir mão. Eu confio em ti; ajuda-me a confiar mais em ti. Em nome de Jesus. Amém.

CAPÍTULO CINCO

Ore em sua dor

A mulher de oração ora quando está em sofrimento até que ele se torne sua autoridade.

Embora o mundo seja cheio de sofrimento, ele também é cheio de superação.

Helen Keller

De todos os lados somos pressionados, mas não desanimados; ficamos perplexos, mas não desesperados; somos perseguidos, mas não abandonados; abatidos, mas não destruídos. Trazemos sempre em nosso corpo o morrer de Jesus, para que a vida de Jesus também seja revelada em nosso corpo.

2Coríntios 4:8-10

Enterramos minha mãe no verão de 2016. Ela tinha 86 anos de idade. Eu fiquei alguns dias na Escócia para ajudar minha irmã Frances a separar suas coisas, então peguei o avião de volta para Dallas. Tínhamos conversado sobre as palavras que colocaríamos na lápide. Minha mãe foi enterrada ao lado dos pais dela, então escolhemos uma lápide maior para incluir todos os três. Quando Frances me mandou uma foto da lápide pronta, era como se eu tivesse levado uma facada no coração. Não era uma ferida nova; era uma ferida muito, muito velha. A lápide dizia: "Em memória amorosa de Alexander Nicol [meu avô], sua esposa Margaret Nicol [minha avó] e sua filha Elizabeth Walsh. Pais e avós muito amados. Em paz com o Senhor."

Era lindo. E era exatamente como tínhamos combinado, mas, de repente, ficou muito evidente o que estava faltando, uma lacuna no mármore. Onde estava meu pai? Por que ele não foi mencionado?

O comportamento violento do meu pai após seu aneurisma cerebral transformou-o numa pessoa aterrorizadora. Após ser internado num asilo local, ele conseguiu escapar certa noite e voltou para a nossa casa. Eu nunca falei sobre essa noite antes. Não conheço todos os detalhes do que aconteceu naquela noite, pois minha mãe tinha dificuldade de falar sobre isso. Basta dizer que ela passou algumas horas terríveis antes que os funcionários da psiquiatria o levassem de volta. Quando meu pai tirou a própria vida, ele foi enterrado em algum lugar, num túmulo anônimo, e nós nos mudamos daquela cidade. Meu pai não era ele mesmo quando morreu, e eu derramei muitas lágrimas secretas ao longo dos anos quando pensava em seu túmulo anônimo. Certa vez, voltei para a Escócia e tentei encontrar o túmulo, mas não consegui. Eu sei que ele está com Cristo, mas sinto tristeza por causa da vergonha mediante a qual foi enterrado. Quando vi a foto da lápide da mamãe, senti uma nova onda de dor e tristeza pelo meu pai. Feridas velhas ainda doem.

Como você ora sobre algo que não pode mudar? Como ora quando não sabe nem colocar em palavras aquilo que está pedindo? Tudo que consegui dizer foi: "Senhor, isso dói tanto!" Talvez um dia consigamos encontrar o lugar em que ele foi enterrado, então poderemos resolver isso e finalmente erguer uma lápide com os dizeres: "Em memória amorosa de Francis Walsh, marido de Elizabeth e amado pai de Frances, Sheila e Stephen. Em paz com o Senhor." Até esse dia, continuarei orando em minha dor.

Purificada pela dor

A dor vem em todos os tipos de embalagem. Às vezes, são feridas emocionais profundas. Outras vezes, as feridas são físicas, quase mais do que você consegue suportar.

Na primavera de 2017, entrevistei minha amiga Michele Cushatt em meu programa de televisão *Life Today*. Eu conheci Michele antes do câncer, e agora ela estava sentada comigo no estúdio após seu terceiro surto de câncer de boca.

Ela teve o primeiro aos 39 anos de idade. Seu médico lhe disse, pouco antes do Dia de Ações de Graça, que ela tinha um carcinoma de células escamosas na língua. Eu nunca tinha ouvido falar disso. Aparentemente, é algo que fumantes de longa data podem enfrentar, mas Michele nunca tinha tocado num cigarro. O que se seguiu foram consultas com médicos, exames e uma cirurgia dolorosa para remover uma pequena parte de sua língua. Depois daquela primeira cirurgia, os médicos disseram-lhe que esse era o melhor cenário possível. Eles tinham detectado o câncer na fase inicial. Então, ele voltou. Duas vezes. Três anos depois e, novamente, oito meses depois disso. O último surto foi devastador e alterou sua vida. Uma cirurgia de nove horas, seguida por dois meses de quimioterapia e radiação.

Quando ela estava sendo maquiada antes de iniciarmos a gravação, nossos olhos se encontraram, e não consigo encontrar palavras para expressar adequadamente o que vi ali. Havia vitória? Sim, ela está viva e dá glória a Deus a cada suspiro, mas havia mais do que isso. Vislumbrei o que essa experiência lhe estava custando. Não é o nosso tipo favorito de história. Aceitamos o início difícil, a luta no meio, mas queremos um final feliz em que a dor fica para trás. Essa não é a história dela, e talvez não seja a sua. Como continuar sendo uma mulher de oração quando suas orações não são respondidas do jeito que você quer?

Quando Michele se sentou à minha frente, eu sabia que falar era difícil para ela. Só lhe resta um terço da língua, falar é doloroso, mas a autoridade de cada uma de suas palavras era incrível. Ela me contou que costumava amar o Domingo de Páscoa — afinal de contas, é o dia de glória da nossa igreja, no qual celebramos o Cristo ressurreto. Mas ela me disse que, agora, encontra grande consolo também na Sexta-Feira Santa, sabendo que Cristo entende seu sofrimento. Na minha opinião, não foi nenhum acaso o inimigo ter tentado tirar dela a capacidade de falar. Ela é uma comunicadora poderosa. Mas, como sempre, ele superestimou sua capacidade. Um terço de uma língua consagrada a Cristo ainda é uma arma mais poderosa do que mil línguas sem Jesus. Quando tudo em que costumávamos confiar é tirado de nós e

Quando tudo em que costumávamos confiar é tirado de nós e somos abaladas em nosso âmago, podemos ou abandonar a fé, ou nos entregar com tudo, totalmente dedicadas ao nosso Salvador ferido.

somos abaladas em nosso âmago, podemos ou abandonar a fé, ou nos entregar com tudo, totalmente dedicadas ao nosso Salvador ferido. Agora, quando Michele ora, as frentes de batalha são muito claras. Há um inimigo e há Cristo, que veste a coroa do Vencedor. Ela aprendeu a travar uma batalha espiritual feroz na linha de frente do sofrimento.

Sua autoridade está onde estão suas feridas

Enquanto escrevo isto, imagino sua vida e o que você tem atravessado. Que coisas você nunca aceitou, mas aconteceram mesmo assim? Quais são as perdas? Quais são as lutas? Quando seus olhos derramam tantas lágrimas, sua visão espiritual torna-se mais clara.

Eu vi isso acontecer com outra amiga, Darlene Zschech. Muitas pessoas a amam por seu hino de louvor *Shout to the Lord*, que ela escreveu quando era líder de adoração na Hillsong Church, em Sydney, na Austrália. Eu já conhecia e amava Darlene na época, mas, quando ela recebeu o diagnóstico de câncer de mama, em 2013, eu conheci uma Darlene ainda mais ungida. Uma semana antes do Natal, ao sair do *shopping center* com seu marido Mark, ela entrou na Sydney Breast Clinic para confirmar que o nódulo miúdo em seu seio não era nada, mas, em vez disso, foi informada de que estava com câncer. Darlene passou por um ano brutal de quimioterapia e perdeu seus lindos cabelos loiros, mas algo dentro dela mudou. Há pouco tempo, estivemos juntas numa arena com mais ou menos 5 mil mulheres, e Darlene pediu que se levantassem todas aquelas com diagnóstico recente de câncer de mama. Fiquei surpresa ao ver quantas mulheres se levantaram. Então, ela começou a orar. Foi uma das orações mais ungidas e poderosas que já vivenciei. Darlene orou como uma mulher com autoridade, porque ela passou por isso. Eu assistia como ela atravessava a dor de sua experiência e orava por outras mulheres. Foi realmente um momento sagrado.

Minha história e as histórias de Michele e Darlene são, possivelmente, diferentes da sua. Você tem sua própria história, e sua autoridade em Cristo está onde estão suas feridas. Podemos ou recuar em meio às lutas, ou, pela graça de Deus, levantar e orar na dor. Deixe-me fazer uma pausa aqui e admitir como isso pode soar simples. Raramente a vida é tão clara e simples. Você pode estar na maior dor de sua vida, lutando para orar no meio disso tudo. Quando sondei meu coração e pedi que o Espírito Santo me desse entendimento, percebi que muitas vezes temos dificuldades não por causa da nossa visão de Deus, mas por causa das mentiras sobre nós mesmas nas quais acreditamos.

> *Podemos ou recuar em meio às lutas, ou, pela graça de Deus, levantar e orar na dor.*

As mentiras em que acreditamos

Refleti e orei sobre isso por muito tempo e perguntei ao Senhor: "Quais são as mentiras em que tenho acreditado?" A resposta deixou-me chocada e mostrou-me quão profundamente essas mentiras podem estar gravadas e por quanto tempo temos acreditado nelas. Quando o Senhor começou a revelar a maior mentira em que eu acreditava, foi difícil encará-la. É difícil escrever sobre isso.

Desde criança, tenho um medo profundo de acabar sendo morta por quem mais me deveria amar. É fácil identificar a origem do medo. Eu estava dividida entre minhas emoções pelo meu pai. Eu adorava meu pai, mas seu aneurisma cerebral o transformou em outra pessoa: ele era um estranho irritado num dia e um pai arrependido em lágrimas no outro. Era como viver na realidade de Dr. Jekyll e Mr. Hyde, sem saber qual deles acordaria na manhã seguinte. Tenho certeza de que é por isso que tenho medo de palhaços ou qualquer pessoa que esteja usando uma máscara. Lembro que, depois de um *show*, muitos anos atrás, minha banda britânica achou que seria divertido comermos uma pizza num restaurante infantil chamado Chuck E. Cheese. Eu estava na fila para pagar a nossa comida quando alguém colocou a mão em meu ombro. Quando me virei e vi alguém numa fantasia de rato, eu gritei e joguei a bandeja nele. Todos na fila acharam aquilo engraçado, e eu fiz de conta que também achava graça, mas a verdade é que eu estava aterrorizada. Como eu não conseguia ver os olhos da pessoa, não sabia quem estava diante de mim, o bom ou o mau.

O chocante para mim foi ter permitido que esse meu medo permanecesse guardado por tanto tempo lá no fundo da minha alma, e, agora, eu havia transferido meu medo para Barry, meu marido tão amoroso. Quando Barry está dirigindo (e, falando nisso, ele é um ótimo motorista!), tenho essa sensação de que vamos sofrer um acidente e eu serei a única vítima fatal. Vou conseguir prever, mas nada poderei fazer para impedir. Sei que me senti impotente diante dos ataques de fúria do meu pai quando eu era uma garotinha, mas a verdade é que Cristo estava comigo na época e está comigo agora. Estou horrorizada por ter cedido território ao inimigo para que ele me atormentasse por tanto tempo! Eu pertenço a Cristo. Meus dias estão nas mãos dele. Por isso renunciei ao meu medo no poderoso nome de Jesus Cristo. E essa também é a minha oração por você. Como Paulo escreveu à igreja em Corinto, mesmo que Satanás nos persiga, jamais somos abandonados por Deus (2Coríntios 4:9-11).

Em que mentiras você tem acreditado? Que dor elas causaram em sua vida? Que decisões elas tomaram por você? Está na hora de encará-las no nome de Jesus e substituí-las pela verdade. Ao longo dos anos, muitas mulheres têm compartilhado comigo as mentiras profundas que elas permitiram criar raízes. O inimigo não quer que oremos em nossa dor. Ele quer que você permaneça nela para que nunca consiga prosseguir com Cristo. Aqui estão algumas das mentiras. Quais estão detendo você?

Eu não basto.
Eu não mereço amor.
Não sou uma boa esposa.
Não sou uma boa mãe.
Eu nunca mudarei.
Não consigo fazer isso.
Jamais superarei meu passado.
Eu não me encaixo.
Sempre ficarei sozinha.
Jamais conseguirei superar isso e tocar a vida.

A mentira número um, que ouço mais do que qualquer outra, é a primeira: "Eu não basto." Parece não importar se somos ricas ou pobres, bem-sucedidas aos olhos do mundo ou não, essa mentira mostra-se central, a mentira mais primordial de todas. Acredito que existe uma razão para isso. Foi a primeira mentira dita no nosso planeta. Foi o que Satanás insinuou à Eva. Ele queria fazê-la acreditar que Deus os estava privando de algo; que, do jeito que eram, eles não bastavam. Esse foi nosso primeiro momento de "não bastamos".

> "Deus sabe que, no dia em que dele comerem, seus olhos se abrirão, e vocês, como Deus, serão conhecedores do bem e do mal." Quando a mulher viu que a árvore parecia agradável ao paladar, era atraente aos olhos e, além disso, desejável para dela se obter discernimento, tomou do seu fruto, comeu-o e o deu a seu marido, que comeu também. Os olhos dos dois se abriram, e perceberam que estavam nus; então juntaram folhas de figueira para cobrir-se. (Gênesis 3:5-7)

A mensagem de Satanás era clara: "Do jeito que é agora, você não basta, mas, se comer dessa fruta, você bastará." Acreditar nessa mentira devastou a vida de Adão e Eva e tem confundido nossa cabeça desde então. Ela parece fazer parte do nosso DNA. Se o inimigo nos consegue convencer dessa mentira e da vergonha que a acompanha, então acreditamos com uma facilidade muito maior em todas as outras mentiras. Se achamos que falhamos como esposas, como mães ou qualquer outra coisa, tudo isso provém da mentira, no jardim, de que nós não bastamos. Quando permitimos que essa seja a verdade em que acreditamos, permanecemos presas em vergonha e não vivemos a vida para a qual Deus nos chamou e equipou. Permanecemos presas em nossa dor e não conseguimos orar nela. Satanás conhece o poder da oração. Jesus nos disse qual é a missão do inimigo, mas ele também revelou o seu plano — vida! Não só sobrevivência, mas vida plena.

> "O ladrão vem apenas para furtar, matar e destruir; eu vim para que tenham vida, e a tenham plenamente." (João 10:10)

Talvez não devamos bastar

Existe um mistério espiritual aqui que vale a pena desdobrar até ficar claro. Visto que vivemos num planeta danificado no qual o pecado foi introduzido, sempre vamos experimentar sentimentos de que a vida não é o que deveria ser deste lado da eternidade. Esse não era o plano A de Deus. Nenhum casamento jamais será perfeito. Nenhum filho será criado perfeitamente. Ninguém terá um senso de autoestima preciso. Quando transformamos essas coisas em nossa busca, é justamente aí que nos sentimos derrotadas e insuficientes. Não devemos bastar. Foi por isso que Jesus veio. Nosso Príncipe Guerreiro entra em nossa história e redefine quem somos não em nós mesmas, mas nele. Quando Paulo escreveu à igreja na Galácia, ele lembrou esta verdade espiritual: "Fui crucificado com Cristo. Assim, já não sou eu quem vive, mas Cristo vive em mim. A vida que agora vivo no corpo, vivo-a pela fé no filho de Deus, que me amou e se entregou por mim" (Gálatas 2:20).

Os cristãos na Galácia estavam aprendendo um evangelho falso, diferente daquele que Paulo havia compartilhado com eles. Eles agora estavam recebendo como instrução que, se quisessem agradar a Deus, teriam de aderir às leis judaicas. A igreja na Galácia era uma igreja de gentios, e, quando Paulo visitou-a pela primeira vez e pregou o evangelho, as pessoas aceitaram em fé, mas, agora, estavam sendo desviadas. Paulo esclareceu, para elas e para nós, que nada podemos fazer que seja bom o bastante para Deus. Jesus fez tudo por nós. Você e eu vivemos nesse corpo terreno que recebemos, mas nossa confiança está em Cristo. No nosso pior dia e no nosso melhor dia, somos amadas e recebemos o mesmo, pois Cristo vive em nós. O inimigo adoraria que você se sentisse excluída, como se não se encaixasse, mas não é verdade. Você faz parte da família!

> Quando você sentir que não se encaixa: "Vejam como é grande o amor que o Pai nos concedeu: sermos chamados filhos de Deus, o que de fato somos!" (1João 3:1)

> Quando você sentir que não é amada ou amável: "Sabemos, irmãos, amados de Deus, que ele os escolheu". (1Tessalonicenses 1:4)

Quando você tiver dificuldade em perdoar a si mesma: "Nele temos a redenção por meio de seu sangue, o perdão dos pecados, de acordo com as riquezas da graça de Deus". (Efésios 1:7)

Quando você se sentir sozinha: "Pois estou convencido de que nem morte nem vida, nem anjos nem demônios, nem o presente nem o futuro, nem quaisquer poderes, nem altura nem profundidade, nem qualquer outra coisa na criação será capaz de nos separar do amor de Deus que está em Cristo Jesus, nosso Senhor". (Romanos 8:38,39)

Quando você achar que jamais conseguirá passar por esta vida: "Estou convencido de que aquele que começou boa obra em vocês, vai completá-la até o dia de Cristo Jesus". (Filipenses 1:6)

Existem inúmeras outras passagens bíblicas que eu poderia compartilhar aqui, mas o ponto é: Deus diz que somos suas filhas, que somos amadas, que fomos perdoadas, que estamos unidas em Cristo e sendo completadas nele. Se quisermos ser mulheres que oram, determinadas a atravessar a dor da vida em oração, precisaremos lutar pela nossa fé. Precisaremos fazer a escolha de acreditar naquilo que Deus diz sobre nós, não importa quão gritantes sejam as mentiras. Seria maravilhoso se pudéssemos ir para a cama e acordar cheias de fé, mas Cristo nos pergunta: "Você quer ser curada?" Se a resposta for "sim", então você e eu teremos de fazer uma escolha.

Você quer ser curada?

Quando eu era adolescente, nunca entendi a história a seguir. Sempre pensei que a pergunta feita por Jesus era a pergunta mais estranha que ele poderia fazer a alguém. Se um homem estava doente, é claro que ele queria ser curado. Agora eu vejo que há mais por trás dessa história do que eu entendia inicialmente.

Algum tempo depois, Jesus subiu a Jerusalém para uma festa dos judeus. Há em Jerusalém, perto da porta das Ovelhas, um tanque que, em aramaico, é chamado Betesda, tendo cinco entradas em volta. Ali costumava ficar grande número de pessoas doentes e inválidas: cegos, mancos e paralíticos. Eles esperavam um movimento nas águas. De vez em quando descia um anjo do Senhor e agitava as águas. O primeiro que entrasse no tanque, depois de agitadas as águas, era curado de qualquer doença que tivesse. Um dos que estavam ali era paralítico fazia trinta e oito anos. Quando o viu deitado e soube que ele vivia naquele estado durante tanto tempo, Jesus lhe perguntou: "Você quer ser curado?" Disse o paralítico: "Senhor, não tenho ninguém que me ajude a entrar no tanque quando a água é agitada. Enquanto estou tentando entrar, outro chega antes de mim." Então Jesus lhe disse: "Levante-se! Pegue a sua maca e ande." Imediatamente o homem ficou curado, pegou a maca e começou a andar. (João 5:1-9)

Se alguma vez você já viajou para Israel e visitou a igreja de Santa Ana, em Jerusalém, talvez tenha visto a escavação que revelou esse antigo tanque. Alguns dizem que seu nome significa "casa da misericórdia"; outras traduções dizem "casa das oliveiras" ou "casa da graça". Qualquer que seja o significado correto, uma coisa está clara: ela se tornou uma casa de graça e misericórdia para um homem que estivera deitado ali desde antes do nascimento de Cristo. Não sabemos por que Jesus escolheu esse homem. Os pórticos em volta do tanque estavam lotados de pessoas doentes, cegas, paralíticas, aleijadas. Fico imaginando que Jesus o tenha escolhido porque ele parecia ser o mais desesperançado, tendo passado tanto tempo ali. A razão pela qual os pórticos estavam cheios de pessoas doentes é que elas acreditavam que, em determinados momentos, um anjo agitava as águas e a primeira pessoa a nelas entrar seria curada. Se a sua Bíblia não explica isso, é porque várias das nossas traduções mais comuns omitem o versículo 4, visto que muitos tradutores duvidam de que o versículo 4 fizesse parte dos manuscritos originais mais confiáveis: "De vez em quando descia um anjo do Senhor e agitava as águas. O primeiro que entrasse no tanque, depois de agitadas as águas, era curado de qualquer doença que tivesse" (João 5:4).

Talvez não houvesse anjo ali, mas alguém maior caminhou entre eles naquele dia. Quando Jesus viu o homem, ele sabia de sua história. Ninguém precisou dizer-lhe que aquele homem estivera naquela situação de impotência durante anos, assim como ninguém precisa dizer a Jesus o que você tem enfrentado por tanto tempo. Ele parou ao lado do homem e lhe fez uma pergunta interessante: "Você quer ser curado?".

Será que ele queria ver se o homem tinha desistido de qualquer esperança? Eu não consigo imaginar estar doente por 38 anos, esperando e orando por um milagre. O homem não respondeu à pergunta de Jesus. Uma resposta teria sido "sim" ou "não". Em vez disso, sua resposta foi: "Senhor, não posso." Ele nem sequer conseguia ouvir a pergunta porque seu problema era muito grande. E estava certo. Ele não conseguia alcançar a água a tempo, mas Cristo, a água viva, tinha vindo até ele. Quando Jesus ordenou que se levantasse, ele obedeceu. Muitas vezes já me perguntei o que as outras pessoas doentes naquele local pensaram quando viram isso. Elas não queriam que Jesus as curasse também? A única coisa que João documenta para nós é que os líderes religiosos se enfureceram diante de um homem que carregava seu leito num sábado. Nenhuma alegria por sua cura, apenas raiva porque ele havia quebrado as regras. Na minha opinião, é muito irônico que, num lugar onde tantas pessoas aguardavam um milagre, ninguém tenha reconhecido o Cordeiro de Deus que passou pela Porta das Ovelhas.

A pergunta que Jesus fez ao homem é a mesma que ele faz a nós. Você quer ser curada? Às vezes, nós nos identificamos tanto com o que está errado conosco, com aquilo que temos sofrido, que é difícil abrir mão disso. Preferimos permanecer na nossa dor. Esse é um truque do inimigo para fazer-nos acreditar que é isso o que somos, que aquilo que nos aconteceu tornou-se aquilo que somos. Mas é mentira. Você não é o que aconteceu com você.

Para o homem deitado junto ao tanque por 38 anos, a vida era dura, mas simples. Ele dependia da bondade de outros para comer e satisfazer suas necessidades básicas. Agora, precisava encontrar um emprego, uma nova identidade. Talvez ele estivesse acostumado com a comiseração dos outros. Agora, precisava encontrar outra maneira de se relacionar com as pessoas.

Talvez você tenha passado por algo inimaginável. Outros conhecem sua história. Você se acostumou a ser apresentada dessa forma, e abandonar isso seria quase como esquecer que a sua experiência realmente aconteceu. Não acredito que seja isso que Jesus está querendo de nós. Ao contrário, ele está dizendo que somos muito mais do que aquilo que aconteceu. Existe familiaridade em nossas histórias, mas Cristo ainda não terminou de escrevê-las. Há mais.

O que significa estar bem?

Ao longo dos anos, venho lutando para entender o que significa estar "bem". Tenho muitos amigos que não foram curados, mas eles estão bem. Penso em minha querida amiga Joni Eareckson Tada. Acredito que você conheça a história dela. Aos 17 anos, ela mergulhou na Baía de Chesapeake e fraturou o pescoço. Desde então, é quadriplégica. Está paralisada do pescoço para baixo. Somos amigas por muito, muito tempo. Tenho uma carta dela que está do meu lado enquanto escrevo. Joni me enviou um bilhete só para dizer que gostou do meu último livro. O que me parece indescritível sobre a dor na vida de Joni é que ela está, agora, em sua segunda batalha contra o câncer. E uma das ironias mais amargas é que, embora paralisada, ela ainda consegue sentir dor. Como, então, essa guerreira corajosa atravessa sua dor orando após mais de cinquenta anos numa cadeira de rodas?

Ela me enviou também a seguinte passagem bíblica. Sei que Joni ficará feliz se eu a compartilhar com você.

> Como é feliz o homem que teme o Senhor e tem grande prazer em seus mandamentos [...] O justo jamais será abalado; para sempre se lembrarão dele. Não temerá más notícias; seu coração está firme, confiante no Senhor. O seu coração está seguro e nada temerá. No final, verá a derrota dos seus adversários. (Salmos 112:1, 6-8)

Joni não está curada, mas ela está bem! Milhões foram tocados por sua dor. Milhões recebem ajuda quando essa irmã nossa lembra sua dor e diz: "Está tudo bem. Jesus está aqui!" Recentemente, Joni foi internada. Ela escreveu: "Tem sido uma jornada e tanto desde 27 de março, quando Ken me levou às pressas para a emergência. Basicamente, ao longo dos muitos anos, minha paralisia tem desgastado meu coração e meus pulmões. A notícia boa é que os médicos acreditam que, com medicação e uma maneira mais eficiente de respirar, minha condição pode ser invertida." E continuou: "Minha missão ao longo dos últimos 14 dias veio diretamente de Atos 20:24: 'Todavia, não me importo, nem considero a minha vida de valor algum para mim mesmo, se tão somente puder terminar a corrida e completar o ministério que o Senhor Jesus me confiou, de testemunhar do evangelho da graça de Deus'".[1] Joni atravessa a dor orando. Ela encontra propósito na dor. Ela usa a dor para falar da bondade e do amor de Deus a outros.

Apenas soldados feridos podem servir

Como uma brilhante moça de 17 anos de idade, prestes a ir para a faculdade, Joni nunca teria escolhido ficar sentada naquela cadeira por mais de cinquenta anos, mas ela diz que não mudaria nada, por causa da profundeza de comunhão e amor que conheceu com Cristo. Não consigo nem começar a imaginar a dor que minha irmã conheceu, mas preciso dizer que, em minha batalha contra a depressão, com noites e dias muito escuros em que orava pela morte, eu também não mudaria um único instante. Uma passagem nas Escrituras diz que o Senhor está perto daqueles que têm um coração partido, mas, até que nosso coração seja partido, não podemos entender quão verdadeiras são essas palavras. Quando oferecemos nossa dor a Cristo, ele pode fazer algo lindo na nossa vida e na vida de outros. Recentemente, li uma curta peça dramática de Thornton Wilder chamada *The Angel That Troubled the Waters* [O anjo que agitava as águas]. Ela me tocou profundamente. Nessa peça, Wilder imagina um médico, bastante atormentado por surtos de depressão, que chega a esse tanque querendo ser curado. Certo dia, ele vê como o anjo agita as águas; então, quando o homem está prestes a nelas entrar, antes de todos aqueles com doenças mais óbvias, o anjo o detém e o confronta com esta verdade poderosa: os únicos soldados que podem servir no exército do amor são aqueles que foram feridos. As suas feridas fizeram de você esse médico tão compassivo.

Minha querida irmã, não conheço suas feridas, mas Jesus as conhece. Você pode desperdiçar essas feridas ou pode vê-las como o lugar onde está a sua autoridade, em nome de Jesus. Quando atravessar sua dor em oração, você se tornará uma guerreira poderosa no exército do amor.

> *A mulher de oração ora quando está em sofrimento até que ele se torne sua autoridade.*

LEMBRETES DE ORAÇÃO

1. Atravesse sua dor orando, sabendo que Deus está com você.
2. Peça que o Espírito Santo revele as mentiras nas quais você tem acreditado e que as substitua pela verdade de quem Deus diz que você é.
3. Ore pedindo que Cristo use a sua dor para fazer algo lindo na vida de outros.

UMA ORAÇÃO PARA QUANDO VOCÊ ESTIVER EM DOR

Pai,

Eu não teria pedido este fardo. Às vezes, ele parece insuportável, mas tu decidiste que esta fosse a minha história. Agora, decido fazer dela a tua história. Eu te ouço dizer: "Levanta-te e anda." Em teu nome e com a tua força, é o que farei. Amém.

CAPÍTULO SEIS

Ore quando Deus parece estar calado

A mulher de oração confia em Deus no silêncio e no não saber.

Isso basta para levar um homem à loucura; isso destruirá a fé de um homem. Isso basta para levá-lo a se perguntar se, alguma vez, já foi são. Quando ele está clamando pelo conforto de tua vara e de teu cajado E a única resposta do céu é o silêncio de Deus.

ANDREW PETERSON

E houve trevas sobre toda a terra, do meio-dia às três horas da tarde. Por volta das três horas da tarde, Jesus bradou em alta voz: "Eloí, Eloí, lamá sabactâni?", que significa: "Meu Deus! Meu Deus! Por que me abandonaste?"

MATEUS 27:45,46

Era uma tragédia impensável. Antes de ouvir a notícia no jornal da noite, minha amiga me enviou uma mensagem e pediu que eu orasse. Sua sobrinha, sua sobrinha-neta, três sobrinhos-bisnetos e uma sobrinha-bisneta estiveram envolvidos numa colisão frontal com um policial de folga.

Eu tinha conhecido a mãe e a avó. Minha amiga apresentou-me a elas numa conferência. A notícia em sua mensagem foi devastadora. Ambas as mulheres haviam morrido no acidente. O policial também tinha morrido no local. As quatro crianças estavam vivas, mas em estado crítico. Eram tão novas — dois, três, cinco e sete anos de idade. A criança de cinco anos tinha sido levada de helicóptero para o hospital com a coluna fraturada, as outras tinham sido levadas na ambulância.

Muitas vezes, quando ocorre uma tragédia, a família deseja privacidade, mas minha amiga sempre foi uma guerreira de oração, e ela implorou que eu compartilhasse sua situação com qualquer pessoa que acredita no poder da oração. Coloquei o pedido na minha página no Facebook e caí de joelhos. Como é que você sequer começa a orar numa situação como essa? Tudo que eu soube fazer foi pedir a presença de Deus para essas crianças preciosas que nem sabiam ainda que sua mãe e sua avó tinham morrido. Pedi misericórdia e cura para as crianças. Pedi consolo sobrenatural e força para toda a família. Pedi fé, pois certamente a fé é testada em seu âmago quando algo tão sem sentido como isso acontece. Quando três das crianças receberam alta, eu acrescentei essa boa notícia à minha página e pedi orações continuadas para a criança de cinco anos.

Enquanto eu lia tantos comentários lindos de pessoas comprometendo-se a orar, percebi também alguns que eram hostis. Uma pessoa escreveu: "Por que eu oraria a um Deus que poderia ter impedido isso e não o fez?" Outra disse: "Isso é típico de vocês cristãos. Quando a tragédia acontece, tudo que vocês têm a oferecer são seus pensamentos e suas orações."

Refleti sobre esses dois comentários por um tempo e orei pelas pessoas que os tinham escrito. Em certo sentido, entendi o que estavam dizendo. Se você olhar de certa distância o que Deus faz e não faz, e não o conhecer pessoalmente, não entender sua misericórdia, sua graça ou seu Filho, é fácil zombar daqueles que o entendem em meio à tragédia. Se tudo o que você vê é religião, e não relacionamento, a oração não faz sentido. Mas ouvi mais do que irritação em suas palavras; ouvi dor. Fazer esse tipo de comentário intenso para alguém que você nunca conheceu geralmente indica que há algo por trás disso. Quem sabe quais orações podem não ter sido respondidas em seu passado? Muitas vezes eu me pergunto quantas pessoas abandonaram a fé porque nunca lhes contaram o evangelho completo. Talvez tenham sido levadas a crer que, se você entregar sua vida a Jesus, tudo correrá bem a partir de então. Às vezes, somos bons em converter pessoas, mas não em discipulá-las. No entanto, não são apenas os que alegam não ter fé em Deus que lutam. Um dos maiores desafios para uma vida de fé e oração é continuar orando quando tudo parece indicar que Deus está calado.

A fé de um montanhês

Em minha adolescência, as orações fiéis de um homem gravaram-se profundamente em minha memória. Ele se recusava a parar de orar mesmo quando parecia que Deus não estava ouvindo. Todas as terças à noite, eu ia com minha mãe para o encontro de oração na nossa igreja. A igreja não era muito grande, por isso apenas umas trinta pessoas se reuniam toda semana. Um dos meus membros favoritos era um homem gentil e já idoso das montanhas no Norte. Vou chamá-lo de Angus. Ele sempre vestia um casaco *tweed* com remendas de couro nos cotovelos. Sua pele era corada por causa do vento gelado do Norte que ele teve de suportar quando trabalhava como fazendeiro nas montanhas. Toda terça-feira ele fazia a mesma oração. Pedia a salvação de sua esposa a Deus. Ela era uma mulher adorável que ocasionalmente participava de nossos cafés matinais, mas nunca vinha aos cultos. Às vezes, ele orava em seu sotaque suave e cadenciado; outras vezes, ele não conseguia completar sua oração por causa das lágrimas que escorriam por seu rosto enrugado. Chorei com ele em muitas daquelas terças à noite.

Ele se tornou piloto após desistir de sua fazenda e conseguiu manter a licença de voo. Assim, num dia de verão, ele voou comigo e com meu irmão até a ilha na costa norte da Escócia onde ele tinha nascido. Ele achou que nós curtiríamos voar e queria mostrar-nos a pequena igreja, ou *kirk*, como ele a chamava, onde havia sido criado. Eu me lembro de olhar pela janela do pequeno avião enquanto nos aproximávamos dos campos de ovelhas e de me perguntar onde ficava a pista de pouso.

— Não existe pista de pouso! — eu gritei mais alto do que o barulho das hélices.

— Fique olhando, garota! — ele respondeu gritando. — Só precisamos avisar às ovelhas que estamos chegando.

Quando sobrevoamos os campos em baixa altitude, as ovelhas fugiram, e nós pousamos com segurança. Após um chá com bolinhos num restaurante local, seguimos uma rua de paralelepípedos até a igreja. As portas estavam abertas, e nós entramos. O piso rangia com histórias de um passado remoto, enquanto caminhávamos até o altar, onde a luz do sol invadia a igreja por um único vitral. Esse vitral continha uma imagem de Jesus como o Bom Pastor que carrega a ovelha perdida de volta para casa. Ficamos em silêncio por um tempo.

— Posso fazer uma pergunta, Angus? — eu disse.

— É claro, garota, manda ver! — ele respondeu.

— Bem, é sobre sua esposa. Você alguma vez já se perguntou por que Deus ainda não respondeu às suas orações?

Ele ficou em silêncio por um momento e, então, disse isto:

— Ele nunca me decepcionou, e não acredito que vá começar a fazer isso agora.

Havia tantas outras coisas que eu queria perguntar a ele, mas o amor e a reverência em seu rosto ao olhar para a imagem na janela me calaram. Naquela mesma noite, minha mãe contou-me que Angus vinha orando pela esposa há mais de quarenta anos.

Anos mais tarde, quando eu estava em casa durante as férias do seminário, Angus morreu. A igreja estava lotada em seu funeral. A vida desse homem gentil tinha tocado tantas pessoas! Nosso pastor pregou uma mensagem linda sobre a longa obediência de Angus em sua devoção completa a Cristo. No final do culto, enquanto saíam da igreja aqueles que tinham vindo para honrar sua vida, percebi que a esposa de Angus ainda estava sentada no banco da frente, com nosso pastor ao lado dela. Eu supus que ele estava tentando confortá-la e os deixei a sós.

Mais tarde, descobri que ele a estava apresentando a Jesus. Quando ela viu a igreja lotada com pessoas que amavam seu marido e ouviu a mensagem convincente sobre Aquele que tinha guiado Angus durante todos os seus dias, ela finalmente se curvou, e o Salvador dele se tornou o Salvador dela. Uma vida não é tempo demais para orar.

Uma vida não é tempo demais para orar.

Angus só soube do impacto de suas orações dois anos depois, quando sua esposa faleceu e reuniu-se com ele no céu.

Em quem nos transformamos enquanto esperamos

A Palavra de Deus está cheia de histórias de homens e mulheres que esperaram anos até ouvirem de Deus. Penso em Abrão e Sarai (que mais tarde foram chamados Abraão e Sara). Se você cresceu numa igreja, como eu, é fácil pensar que conhece essa história, mas, quando voltei a estudá-la, descobri que ela é bem surpreendente.

Quando Deus apareceu a Abrão pela primeira vez, este tinha 75 anos de idade e era pagão. Mais ou menos 2 mil anos antes do nascimento de Cristo, o que Deus lhe disse foi isto:

> Então o SENHOR disse a Abrão: "Saia da sua terra, do meio dos seus parentes e da casa de seu pai, e vá para a terra que eu lhe mostrarei. Farei de você um grande povo, e o abençoarei. Tornarei famoso o seu nome, e você será uma bênção. Abençoarei os que o abençoarem e amaldiçoarei os que o amaldiçoarem; e por meio de você todos os povos da terra serão abençoados." Partiu Abrão, como lhe ordenara o SENHOR [...] (Gênesis 12:1-4)

Deve haver algo mais por trás dessa história, não acha? Eu quero a versão mais longa. Você não gostaria de saber como Deus falou com ele? Deve ter sido uma experiência e tanto para Abrão pegar a esposa, o sobrinho e todos os seus bens e abandonar sua casa em Ur (o Iraque dos dias de hoje). Ele estava deixando para trás o seu direito de nascença, a sua herança, para seguir um Deus que acabara de conhecer. A terra que Deus lhe estava prometendo ficava a mais de 2 mil quilômetros dali. Eventualmente, ele atravessaria Harã (a Síria moderna) e seguiria até Canaã (Israel), mas Abrão não sabia até onde teria de viajar. Ele simplesmente acreditou em Deus e partiu. A centenas de quilômetros de casa, ele e Sarai se viram num país cuja língua não falavam; já eram velhos e não tinham filhos.

Deixe-me interromper essa história por um momento e fazer uma pergunta: alguma vez você já se arriscou em fé? Talvez as pessoas à sua volta tenham dito que você é louca, mas você acreditou que tinha ouvido a voz de Deus e, assim, em fé, avançou. Após aceitar ou largar aquele emprego, após se mudar para o lado oposto do país, após ter-se juntado àquela igreja

— não importa o que tenha sido —, você esperava que, depois de ter feito a sua parte, Deus também faria a dele. Mas as coisas não aconteceram bem do jeito que você tinha imaginado, então se perguntou: "Eu errei? Eu realmente ouvi a voz de Deus? Ou será que minha família estava certa?". Raramente a cronologia de Deus segue a nossa agenda. Temos a tendência de medir o nosso entendimento dos caminhos e da vontade de Deus de acordo com os resultados que vemos, mas Deus está muito mais interessado naquilo que nos tornamos durante a espera.

> *Temos a tendência de medir o nosso entendimento dos caminhos e da vontade de Deus de acordo com os resultados que vemos, mas Deus está muito mais interessado naquilo que nos tornamos durante a espera.*

Foi dito a Abrão que todas as nações seriam abençoadas por meio dele, mas dez anos se passaram e nada aconteceu. Agora, ele tinha 85 anos de idade e ainda sem filhos. Dez anos não configuram um tempo tão longo quando se tem vinte, mas Abrão tinha 75 anos quando Deus falou com ele pela primeira vez, e, nessa idade, dez anos é muito tempo. Então Deus voltou a falar-lhe.

> Depois dessas coisas o Senhor falou a Abrão numa visão: "Não tenha medo, Abrão! Eu sou o seu escudo; grande será a sua recompensa!" Mas Abrão perguntou: "Ó Soberano Senhor, que me darás, se continuo sem filhos e o herdeiro do que possuo é Eliézer de Damasco?" E acrescentou: "Tu não me deste filho algum! Um servo da minha casa será o meu herdeiro!" Então o Senhor deu-lhe a seguinte resposta: "Seu herdeiro não será esse. Um filho gerado por você mesmo será o seu herdeiro." Levando-o para fora da tenda, disse-lhe: "Olhe para o céu e conte as estrelas, se é que pode contá-las." E prosseguiu: "Assim será a sua descendência." Abrão creu no Senhor, e isso lhe foi creditado como justiça. (Gênesis 15:1-6)

Naqueles dias, quando um homem rico morria sem um herdeiro, o servo principal em sua casa, sua mão direita, herdava tudo. Mas Deus disse: "Não. Você terá seu próprio filho." Ele levou Abrão para fora e ordenou que olhasse para o alto e contasse as estrelas. É difícil imaginar como isso deve ter sido espetacular. Vivemos no mundo ocidental, onde sempre há alguma luz vindo de algum lugar, mas naqueles dias, em que não havia eletricidade, nem iluminação pública, nem carros, a vista deve ter sido espetacular.

Numa viagem recente à África, tive uma noção daquilo que Abrão pode ter visto, quando eu estava trabalhando com nossa equipe da Life Outreach International e com nosso time de gravação da Jyra Films. Estávamos na Angola visitando projetos de alimentação e estabelecendo outros novos em algumas das aldeias mais remotas. Não há hotéis num raio de centenas de quilômetros de muitas de nossas instalações, então, quando chegávamos a uma aldeia, pedíamos permissão ao chefe da aldeia para acampar e passar a noite ali. Certa noite, estávamos sentados ao redor da fogueira, conversando sobre tudo o que tínhamos visto naquele dia e sobre aquilo que esperávamos realizar no dia seguinte. O fogo foi-se apagando até restarem apenas algumas brasas. Olhei para o alto. Eu nunca tinha visto algo semelhante. Milhares e milhares de estrelas e planetas, um espetáculo e tanto. Fiquei sentada ali, maravilhada, sabendo que o Deus que mantinha tudo aquilo em seu devido lugar era o meu Pai. Abrão viu a mesma coisa e acreditou em Deus.

Então Deus falou a Abrão, revelando seus planos para a vida dele. Mas e quanto a Sarai? Ela concordava com tudo isso?

Inventando seu próprio plano B

A mensagem de Deus para Abrão era bem clara. Você terá um filho próprio. Mas Deus não falou com Sarai. Ele não incluiu o nome dela em sua promessa a Abrão; agora, ela tinha 75 anos de idade, e, assim, inventou seu próprio plano. É a natureza humana. Quando não conseguimos enxergar como Deus pode fazer as coisas darem certo, nós improvisamos. Eu sinto por Sarai. O plano B dela era que Abrão dormisse com sua serva, mas, no fim, o plano a prejudicaria, prejudicaria sua serva Hagar e geraria duas nações que ainda hoje estão em guerra, Palestina e Israel.

Meu coração também sofre por você, caso tenha estado numa situação de espera, e mais espera, e Deus nada estava fazendo — ao menos nada que você pudesse ver. Você queria casar-se e acreditava que Deus lhe havia prometido um marido, mas o tempo continuou passando e aquele relógio infernal não parava, então você agarrou o que estava disponível. E agora se pergunta se não cometeu o maior erro de sua vida.

Você sabia que Deus a tinha preparado para aquele cargo novo, mas seu chefe a ignorou mais uma vez, então você disse "Esqueça" e se demitiu. E, agora, sente-se perdida, como se não pertencesse a lugar nenhum.

Quando preenchemos o silêncio de Deus com nossos próprios planos que não dão certo, é fácil sentir que estragamos tudo e que não há como voltar. Isso não é verdade! Deus é um Redentor, e ainda não acabou. Quero que ouça bem. Sua vida, o plano de Deus para a sua vida, ainda não acabou!

Seu nome será Princesa

Treze anos se passaram desde o nascimento de Ismael, filho de Hagar. Para Sarai, esse é um longo tempo ouvindo as risadas do garoto, vendo-o correr para os braços da mãe, observando como seu marido abraça o filho com orgulho. Treze anos de arrependimento. Ela deve ter achado que isso era tudo o que a vida lhe tinha reservado.

"Por que fiz aquilo? Por que sugeri que Abrão dormisse com minha serva?", ela deve ter-se perguntado inúmeras vezes. Mas o estrago estava feito, e não havia nada que ela pudesse fazer a respeito. Mas Deus podia. Depois de treze anos de silêncio, Deus voltou a falar com Abrão. Ele tinha agora 99 anos de idade.

> Quando Abrão estava com noventa e nove anos de idade o Senhor lhe apareceu e disse: "Eu sou o Deus Todo-poderoso; ande segundo a minha vontade e seja íntegro [...] De minha parte, esta é a minha aliança com você. Você será o pai de muitas nações. Não será mais chamado Abrão; seu nome será Abraão, porque eu o constituí pai de muitas nações". (Gênesis 17:1,4,5)

Na tradição dos caldeus, o nome dele, Abrão, significava "pai exaltado". Agora, ele estava recebendo um nome novo, Abraão, palavra hebraica que significa "pai de muitos".

E quanto a Sarai? Deus a viu? Ela havia estragado tudo por ter aparecido com um plano próprio? Não, agora Deus falava a respeito dela, chamando-a pelo nome, que mudou de maneira sutil, mas significativa.

> Disse também Deus a Abraão: "De agora em diante sua mulher já não se chamará Sarai; seu nome será Sara. Eu a abençoarei e também por meio dela darei a você um filho. Sim, eu a abençoarei e dela procederão nações e reis de povos". (Gênesis 17:15,16)

Sarai significava "minha princesa" na terra da qual ela vinha, mas agora Deus havia mudado seu nome para Sara, "princesa", um nome hebraico numa terra em que reis estariam entre seus descendentes. Ela não era mais simplesmente a princesa de Abrão; era agora uma princesa por direito próprio sob Deus. O que Deus fez aqui era muito incomum. Esse tipo de bênção geracional costumava ser concedido ao senhor da casa, mas Deus presenteou Sara com o nome "mãe de muitas nações". Nunca permita que alguém lhe diga que a Palavra de Deus é misógina, que Deus não ama nem honra as mulheres. Não é verdade. O primeiro ser humano a ver o Cristo ressurreto foi Maria. Deus ama muito as suas filhas.

Quando Deus mudava um nome, isso era algo significativo. Talvez você se lembre de alguns outros casos.

Jacó, que significa "aquele que segura pelo calcanhar" ou "enganador", tornou-se Israel, "aquele que prevaleceu contra Deus" ou "um príncipe com Deus".

Quando Bate-Seba deu à luz um menino após seu casamento com o rei Davi, eles chamaram o filho de Salomão, mas Deus lhe deu outro nome! Num dos momentos mais íntimos do Antigo Testamento, nós lemos:

> Depois Davi consolou sua mulher Bate-Seba e deitou-se com ela, e ela teve um menino, a quem Davi deu o nome de Salomão. O Senhor o amou e enviou o profeta Natã com uma mensagem a Davi. E Natã deu ao menino o nome de Jedidias [que significa "amado pelo Senhor"]. (2Samuel 12:24,25)

Como isso é lindo! O Senhor amou a criança. No Antigo Testamento, vislumbramos o tenro e chocante amor de Deus por nós, mas pecado, rebeldia e desobediência ainda estavam entre nós e Deus. Quando Cristo tomou tudo isso sobre si no Calvário, ele lidou com o pecado de uma vez por todas. Agora você pode olhar-se no espelho naqueles dias em que não se sente tão amável e dizer isto para sua alma: "O Senhor ama esta filha." Caso você ache que estou exagerando a verdade ou que isso valia apenas para Jedidias, aqui estão as palavras de Paulo aos cristãos em Tessalônica: "Sabemos, irmãos, amados de Deus, que ele os escolheu" (1Tessalonicenses 1:4).

Quem é você?

Eu não me lembro de ter lido o texto sobre Deus dando outro nome a Salomão. Se você me perguntasse qual era o nome do primeiro filho de Davi e Bate-Seba, eu teria dito Salomão, não Jedidias. (Eles tiveram um filho que nasceu de seu caso adúltero, mas essa criança só viveu sete dias.) Parece que Salomão não se agarrou ao que Deus disse que ele era. A única vez que ele é chamado de Jedidias é quando Natã traz sua mensagem de Deus. Salomão não usou o nome que Deus lhe atribuiu nem viveu na força daquela identidade. Em 1Reis 11:1-4, lemos:

> O rei Salomão amou muitas mulheres estrangeiras, além da filha do faraó. Eram mulheres moabitas, amonitas, edomitas, sidônias e hititas. Elas eram das nações a respeito das quais o Senhor tinha dito aos israelitas: "Vocês não poderão tomar mulheres dentre essas nações, porque elas os farão desviar-se para seguir os seus deuses." No entanto, Salomão apegou-se amorosamente a elas. Casou com setecentas princesas e trezentas concubinas, e as suas mulheres o levaram a desviar-se. À medida que Salomão foi envelhecendo, suas mulheres o induziram a voltar-se para outros deuses, e o seu coração já não era totalmente dedicado ao Senhor, o seu Deus, como fora o coração do seu pai Davi.

Há um alerta aqui para nós. Deus deu a Salomão um nome novo, um nome que dizia "você pertence a mim", mas ele não viveu sob essa identidade. Deus nos deu um nome novo: filha do Rei dos reis, amada por Deus. Viveremos sob esse nome ou sob outro rótulo?

Mãe solteira.
Divorciada.
Gorda.
Solteirona.
Deficiente física.
Estúpida.
Deprimida.
Sem filhos.
Raivosa.
Amargurada.
Esquecida.
Desprezada.

Quando você se identifica com determinado rótulo, tende a agir dentro dos limites desse rótulo, mas isso não é quem você é. Você não é nenhuma dessas coisas. Se depositou sua confiança em Cristo, você é uma filha de Deus.

> "Portanto, se alguém está em Cristo, é nova criação. As coisas antigas já passaram; eis que surgiram coisas novas!" (2Coríntios 5:17)

Se você vê a si mesma como desprezada, gorda ou qualquer desses rótulos temporários, pode estar agindo de acordo com eles, e não há muito o que fazer para levantar sua cabeça e fazê-la olhar para as estrelas. Mas, se viver sob a bandeira do "Eu sou amada por Deus", então você sabe quem realmente é, o tempo todo, em dias bons e dias ruins. Se algum dia nossos caminhos se cruzarem, é possível que eu me apresente como "Sheila, mas pode me chamar de Jedidias".

José recebeu um novo nome dos apóstolos. Eles o chamaram de Barnabé, "filho do encorajamento". Ser reconhecida por seu dom é algo adorável. À medida que envelheço, é isso que quero. Eu não quero ser identificada como escritora, ou palestrante, ou apresentadora de TV. Quero ser conhecida como alguém que ama Jesus e seu povo.

Talvez você se pergunte por que não mencionei a mudança de nome de Saulo para Paulo. Existe um equívoco popular segundo o qual ele passou de Saulo, o perseguidor, para Paulo, o apóstolo, após sua conversão. Isso não é exato. Ananias se refere a ele como Saulo após sua conversão (Atos 9:17), e o Espírito Santo se dirige a ele como Saulo antes do início de sua primeira viagem missionária (Atos 13:2). A simples verdade é que Saulo era seu nome hebraico; e Paulo, seu nome grego.

Deus está operando no silêncio

Abrão e Sarai esperaram muito, muito tempo para receber um novo nome de Deus. O silêncio não fazia sentido para eles, mas Deus estava operando o tempo todo. Abraão realmente se tornou pai de muitas nações. Como homem de 75 anos sem filhos que vivia em Ur, Abrão não podia nem começar a imaginar o que Deus faria por meio de sua vida.

Mesmo quando olhou para os milhões de estrelas, jamais, nem mesmo em seus sonhos mais ousados, ele teria imaginado isto: "Registro da genealogia de Jesus Cristo, filho de Davi, filho de Abraão" (Mateus 1:1). Ou isto: "E quanto à ressurreição dos mortos, vocês não leram o que Deus lhes disse: 'Eu sou o Deus de Abraão, o Deus de Isaque e o Deus de Jacó'? Ele não é Deus de mortos, mas de vivos!" (Mateus 22:31,32).

Esperando no silêncio de Deus

Se você vem esperando por muito tempo e Deus tem ficado em silêncio, deixe-me perguntar isto: você ainda acredita que ele a ama? Quando as respostas não vêm, ainda acredita que ele é por você? Jesus perguntou se encontrará fé entre nós quando ele retornar. Encontrará? Você acredita que Deus está no controle? Acredita que ele tem um plano perfeito para a sua vida? Acredita que ele faz tudo na hora perfeita?

Até decidirmos como vamos esperar no silêncio, permaneceremos inquietas em nossa vida. Quando decidimos confiar em Deus no silêncio, nossa fé em quem ele é se fortalece. Nosso testemunho torna-se mais poderoso. Como Angus, podemos dizer àquelas que se perguntam por que ainda não desistimos: "Ele nunca me decepcionou!" Quando decidimos depositar nossa esperança em Deus, temos a promessa de que essa esperança não nos decepcionará (Romanos 5:3-5).

Não pergunto essas coisas friamente, tentando gerar em você um sentimento de culpa para que então creia. Eu mesma tive de encarar essas perguntas. Tive de lutar com essa questão por muito tempo, vários anos atrás. Houve uma pessoa que fez parte da minha carreira no início, e, quando nossos caminhos se separaram, ele ameaçou destruir-me. Todas as minhas inseguranças da infância vieram à tona, e eu fiquei devastada e assustada. Ele tinha influência, e eu sabia que ele a usaria para me calar, e foi o que fez. Eu me vi diante de duas opções: podia ficar com raiva e amargurada, falar mal dele, tentar apagar todos os incêndios que ele tinha provocado e buscar reconquistar as pessoas, ou podia abrir mão de tudo, permanecer quieta e confiar em Deus. Na superfície, isso tudo parece preto e branco, mas, se você já passou por algo assim, sabe que não é. Há inúmeras tonalidades entre os extremos. Naquele momento angustiante, que parecia ser a morte, eu tive de decidir:

Acredito na Palavra de Deus ou não?
Acredito que Deus está no controle?
Confio em Deus?

Eu poderia acrescentar centenas de outras perguntas, mas a essência é esta: eu realmente acredito naquilo que venho dizendo há anos? Ou acredito apenas quando a vida faz sentido? Dia após dia, eu voltava a este texto: "Digo-lhes verdadeiramente que, se o grão de trigo não cair na terra e não morrer, continuará ele só. Mas se morrer, dará muito fruto" (João 12:24).

Eu lutei para me identificar com esse versículo. Isso era Cristo falando de sua própria vida e do sacrifício que estava prestes a fazer por todos nós. Se ele, como semente, não morresse, não haveria fruto, não haveria redenção nem cristãos. Como eu poderia comparar aquilo que eu estava enfrentando com aquilo que ele sofreu? Então eu li a seguinte passagem escrita pelo reverendo T. G. Ragland, um missionário no sul da Índia:

Se nos recusarmos a ser grãos de trigo — que caem no solo e morrem;
se não sacrificarmos perspectivas nem arriscarmos caráter, propriedade

e saúde; se não abandonarmos nosso lar nem rompermos os laços com a família em nome de Cristo quando formos chamados, então permaneceremos sozinhos. Mas, se quisermos ser férteis, devemos seguir o nosso Senhor bendito, tornando-nos um grão de trigo e morrendo, então produziremos muito fruto.[1]

Então eu disse "sim"! Às vezes, a oração mais poderosa pode ser uma única palavra: *sim*. Eu disse *sim* a Deus, *sim* a tudo que ele pudesse querer da minha vida, *sim* à morte de tudo, e foi o que aconteceu. Em vez de tentar salvar a minha carreira, eu abri mão de tudo. Voltei para o seminário e mergulhei meu coração na Palavra de Deus. Isso salvou a minha vida.

Na espera

Não sei em que ponto você se encontra em sua espera, minha amada irmã. Neste momento, paro e oro por você. Não sei quem você é, mas nosso Pai sabe. Uma das coisas mais curadoras que faço nos tempos de silêncio de Deus é meditar sobre sua Palavra. Estes são alguns versículos que me ajudam. Oro para que sejam de ajuda também para você.

> Senhor, em ti espero; tu me responderás, ó Senhor meu Deus! (Salmos 38:15)

> De manhã ouves, Senhor, o meu clamor; de manhã te apresento a minha oração e aguardo com esperança. (Salmos 5:3)

> Nossa esperança está no Senhor; ele é o nosso auxílio e a nossa proteção. (Salmos 33:20)

Peço que Deus lhe dê o dom da fé quando não houver nada em vista. Peço que ele lhe dê esperança quando parece que ela não existe mais. Peço que ele lhe dê forças e um céu limpo hoje à noite para que você possa ver as estrelas.

A mulher de oração confia em Deus no silêncio e no não saber.

LEMBRETES DE ORAÇÃO

1. Atravesse o silêncio orando, sabendo que Deus está com você.
2. Aceite o que Deus está fazendo em você durante a espera.
3. Ore sabendo que Deus está operando, mesmo que não consiga enxergar o plano dele.

UMA ORAÇÃO PARA QUANDO DEUS PARECE ESTAR CALADO

Pai,

Eu me ajoelho em fé e peço que tu me ajudes na minha incredulidade. Às vezes, teu silêncio é insuportável. Às vezes, teu silêncio me faz sentir como se tu não me amasses, não me visses, não te importasses comigo. Mas agora, num ato de fé, decido confiar que tu estás comigo. Tu és o meu socorro. Tu és a minha esperança. Encontra-me aqui no silêncio. Permite que minha vida reflita tua fidelidade. Desejo sentir a tua presença, mas confio que tu estás comigo. Abro mão do meu plano B e espero por ti aqui. Espero por ti. Espero. Amém.

CAPÍTULO SETE

Ore com o poder da Palavra de Deus

A mulher de oração não confia em sua própria força, mas no poder da Palavra de Deus.

> Os salmos nos foram dados para isto, para que pudéssemos aprender a orá-los em nome de Jesus Cristo.
>
> DIETRICH BONHOEFFER

> Pois a palavra de Deus é viva e eficaz, e mais afiada que qualquer espada de dois gumes; ela penetra até o ponto de dividir alma e espírito, juntas e medulas, e julga os pensamentos e intenções do coração.
>
> HEBREUS 4:12

Entre meus 13 e 18 anos de idade, minha professora de música me inscrevia a cada ano no Ayrshire Music Festival. Todos os alunos que viviam num raio de quase cinquenta quilômetros da nossa cidade podiam inscrever-se. Eu estava concorrendo em quatro categorias: solo clássico, dueto, ópera leve e na competição Burns, que era baseada nos escritos do poeta escocês Robert Burns, com acompanhamento musical.

Durante os primeiros anos, eu ficava muito nervosa na frente de outros quarenta alunos, seus pais e do juiz com seus óculos de armação grossa e seu caderno de anotações. Eu literalmente tremia enquanto aguardava a minha vez. No primeiro ano, o juiz escreveu em minha avaliação: "Tente acalmar os nervos antes de cantar. No momento, você soa como algo entre uma ovelha e uma metralhadora." Duro, mas verdadeiro. Eventualmente, eu me acostumei e comecei a me divertir no festival.

Em meu último ano no Ensino Médio, o festival acrescentou uma categoria. Não tinha nada a ver com música, então nem pensei em competir nela até minha professora de inglês sugerir que eu deveria. A categoria se chamava "Solilóquio shakespeariano". Eu mal conseguia pronunciar o título, muito menos imaginar o que significava, mas ela foi insistente. "Tudo que você precisa fazer", disse, "é decorar uma fala de qualquer uma das peças de Shakespeare e recitá-la. Você tem talento para o drama."

Eu não soube ao certo o que ela quis dizer com isso, mas decidi que podia ser divertido tentar. Eu queria encontrar uma personagem feminina que fosse interessante representar. Pensei na Julieta de *Romeu e Julieta*, mas ela ou estava fora de si de paixão ou prestes a morrer, então desisti. Finalmente, escolhi Catarina, de *A megera domada*. Ela era enérgica e sincera, e, como batista bem-educada, pensei que estava na hora de abrir minhas asas emocionais.

No dia da competição, percebi que provavelmente eu tinha superestimado minhas habilidades. Alguns dos concorrentes eram fabulosos. Eu chorei quando Julieta deu seu último suspiro, quatro vezes. Por fim, chegou a minha vez. A fala que eu havia escolhido era do ato 5, cena 2. Tecnicamente, Catarina já tinha sido domada a essa altura e, agora, era doce e submissa, mas pensei que não faria mal se eu animasse a cena um pouco.

> Ora, que absurdo! Desenruga essa fronte carrancuda
> E deixa de lançar esses olhares desdenhosos
> Que vão bater em cheio em teu senhor, teu rei, teu soberano.
> Isso te mancha a formosura como no prado faz a geada.[1]

A passagem é bem mais longa, mas vou poupar você. Eu comecei com uma voz irada e desafiadora, depois passei para uma voz quebrantada e assustada e, no fim, improvisei um pouco, acrescentando alguns versos de Julieta, antes de me curvar e saltar do palco. Vergonha sobre mim. Quando o juiz subiu no palco, ele disse:

— Antes de anunciar os vencedores, gostaria de pedir que uma jovem mulher voltasse ao palco. — Sim, era eu.

— O que você estava pensando? — ele perguntou. — Não percebeu que Catarina já tinha sido domada àquela altura?

— Sim, senhor, eu sabia — respondi.

— Por que, então, você a representou daquele jeito? E, por favor, explique por que inseriu versos de outra peça.

— Eu gostei daqueles versos — disse, já começando a soar como uma ovelha novamente.

Então ele disse:

— A autoridade está no texto. Quando você decide criar sua própria versão, por mais divertida que seja, você perde a autoridade.

Desci cabisbaixa do palco, com o rabo de ovelha firmemente preso entre as pernas. Ele ainda gritou atrás de mim:

— Pode ter sido errado, mas foi muito engraçado!

Ele disse uma coisa que nunca esqueci. Eu anotei: a autoridade está no texto.

A autoridade está no texto

Por anos eu lutei com a oração pelas mesmas razões que você pode ter. Vimos algumas dessas razões na introdução. A oração parecia ser repetitiva, eu me distraía facilmente e, às vezes, ficava entediada, para ser honesta. Então, alguns anos atrás, li um livro de Donald Whitney chamado *Praying the Bible* [Orando a Bíblia]. Embora houvesse passado a vida inteira na igreja e feito o seminário duas vezes, eu nunca tinha ouvido esse conceito antes. Eu entendia a autoridade de estar firme nas promessas de Deus e decorava passagens bíblicas, mas a ideia de ter a Palavra de Deus, especialmente os salmos, como livro de orações diárias era nova para mim. Eu senti como se tivesse descoberto um mapa do tesouro perdido. Quero que você saiba que essa descoberta transformou a minha vida, e, se esse conceito for novo para você, minha oração é que ele transforme também a sua vida. Somos convidadas a orar a Palavra de Deus de volta para Deus. Comecei a pesquisar o que outros tinham escrito sobre esse tema e descobri muito. Não sei como pude ter ignorado isso por tanto tempo!

> *Somos convidadas a orar a Palavra de Deus de volta para Deus.*

Já no século 2, Agostinho falou dos salmos como uma escola para pessoas aprendendo a orar. "Se o salmo ora, você ora; se ele lamenta, você lamenta; se ele exulta, você regozija; se ele espera, você espera; se ele teme, você teme. Tudo que está escrito aqui é um espelho para nós."[2]

Ambrósio, bispo de Milão no século 4, referiu-se aos salmos como uma "academia espiritual".

> Qualquer um que os estude a fundo descobrirá que eles são um tipo de academia disponível a todas as almas, na qual os diferentes salmos são como diferentes exercícios. Nessa academia, nesse estádio de virtude, podem-se escolher os exercícios mais adequados para se conquistar a coroa de vencedor.[3]

Uma das coisas que mais gostei de ler é de Atanásio, um dos mais influentes pais da Igreja Primitiva. Segundo ele, enquanto a maior parte das Escrituras fala *a* nós, os salmos falam *por* nós; eles nos dão uma língua.

> No Saltério, você aprende algo sobre si mesmo. Nele você encontra representados todos os movimentos da sua alma, todas as suas mudanças, seus altos e baixos, seus fracassos e suas recuperações. Além do mais, qualquer que seja seu problema ou sua necessidade específica, esse mesmo livro lhe permite escolher um formato de palavras condizente com ele, para que você não apenas ouça e depois continue, mas aprenda a remediar seus males. Proibições de práticas maldosas abundam nas Escrituras, mas apenas o Saltério diz a você como obedecer a essas ordens e evitar o pecado.[4]

Que afirmação ponderosa! Os salmos falam por nós. Se tivermos dificuldade para orar, aqui está o livro de oração de Deus. Não importa o que você esteja enfrentando neste momento, quando ora os salmos, está orando com a autoridade da Palavra viva de Deus. Como escreveu minha querida amiga Joni Eareckson Tada:

> Não é simplesmente uma questão de vocabulário divino. É uma questão de poder. Quando trazemos a Palavra de Deus diretamente para dentro da nossa oração, estamos trazendo o poder de Deus para dentro da nossa oração. Hebreus 4:12 declara: "Pois a palavra de Deus é viva e eficaz, e mais afiada que qualquer espada de dois gumes." A Palavra de Deus é viva, e por isso enche nossas orações com vida e vitalidade. A Palavra de Deus também é ativa, injetando energia e poder em nossa oração. Ouça como Deus descreveu suas Palavras a Jeremias: "Não é a minha palavra como o fogo [...] e como um martelo que despedaça a rocha?" (Jeremias 23:29). As Escrituras dão músculos e força a nossas orações.[5]

Músculos e força a nossas orações! Não importa se temos nove ou 99 anos de idade, se caminhamos com Jesus há cinquenta anos ou se o conhecemos na noite passada; quando oramos a Palavra de Deus, oramos com poder.

Traga todas as suas emoções até Deus

Um dos presentes mais poderosos dos salmos é que eles nos ajudam a trazer todas as nossas emoções até Deus. Não importa o que esteja passando agora, você encontrará a linguagem para a sua alma nos salmos. Walter Brueggemann escreve:

> O Saltério sabe que a vida está deslocada. Não precisamos encobrir nada. O Saltério é uma coleção, de longo tempo, de cânticos e orações eloquentes e fervorosos de pessoas no limite do desespero em suas vidas.[6]

Você já teve dificuldade em encontrar palavras para o que estava sentindo quando se viu numa situação desesperadora? Ore os salmos. Os salmos são brutalmente honestos. Eles não disfarçam a nossa dor e não escondem a nossa única esperança. Se, talvez, vivêssemos e orássemos como o salmista, mais pessoas se sentiriam atraídas por Jesus. Desperdiçamos tanto tempo em nossa cultura tentando "encontrar a nós mesmos", procurando nosso grande propósito, mas, como escreve Eugene Peterson:

> Os salmos não eram orados por pessoas que tentavam entender a si mesmas. Não são o registro de pessoas que buscavam o sentido da vida. Eram orados por pessoas que entendiam que Deus tinha tudo a ver com elas. Deus, e não seus sentimentos, era o centro. Deus, e não suas almas, era a questão.[7]

Eu não acordo toda manhã com o desejo de orar. Às vezes estou cansada e preferiria tomar uma xícara de café e assistir à TV. Outros dias, eu acordo com a nuvem escura da depressão sobre mim, mas meu novo compromisso de orar os salmos deu-me a arma de que preciso para os meus melhores e os meus piores dias. Como a Palavra de Deus é viva, e não somente palavras num papel, quando começamos a orar a Palavra de Deus, o Espírito se une a nós e nosso espírito se inflama.

Num dia difícil, gosto muito de orar Salmos 34. Davi está numa situação ruim. Ele está fugindo do rei Saul, que deseja matá-lo. Mentiu para um sacerdote, e essa mentira custará muitas vidas. Fugiu para outra cidade, esperando que o rei lhe oferecesse refúgio, mas, quando se torna claro que lá ele também não está seguro, Davi faz de conta que enlouqueceu. Esse rei ungido de Israel começa a babar e a escrever em paredes, para que o rei o expulse e não o mate. Ele continua fugindo e, por fim, encontra um esconderijo numa caverna. Às vezes esquecemos que esse grande rei, que nos deu tantos salmos, escreveu alguns deles em situações realmente difíceis. Ele está sozinho por completo. Eventualmente, um bando de excluídos se juntará a ele, mas, por ora, ele está sozinho por completo. Como, então, Davi se encoraja e não se rende ao desespero? Ele decide louvar a Deus, qualquer que seja a situação. "*Bendirei o Senhor o tempo todo.*" Ele não diz que *quer* bendizer, apenas que *bendirá*.

> Bendirei o Senhor o tempo todo! Os meus lábios sempre o louvarão.
> Minha alma se gloriará no Senhor; ouçam os oprimidos e se alegrem.

Proclamem a grandeza do SENHOR comigo; juntos exaltemos o seu nome. Busquei o SENHOR, e ele me respondeu; livrou-me de todos os meus temores. Os que olham para ele estão radiantes de alegria; seus rostos jamais mostrarão decepção. (Salmos 34:1-5)

Amo a honestidade de Davi aqui. Ele confessa seu medo e a vergonha que facilmente nos leva a esconder o rosto de Deus. Em vez disso, Davi levanta a cabeça e olha para Deus, para aquele que tem sido seu auxiliador o tempo todo. Se alguma vez você já se sentiu envergonhada, ou se vive em um núcleo de vergonha, sabe como isso pode abater seu espírito e retirar sua alegria e esperança. Enquanto lia e relia esse salmo, pensei numa amiga que está travando uma batalha para manter a cabeça erguida. Enviei a ela esse salmo com um bilhete, dizendo que eu estava orando por ela.

Neste momento, ela se encontra numa situação de impotência. Está sozinha e com medo. Lutar com uma deficiência e uma família que não entende sua fé em Deus é difícil. Eles tentam envergonhá-la, por isso desejo que ela se lembre de que ficarão radiantes de alegria aqueles que buscam socorro em Jesus. Podemos e devemos compartilhar palavras encorajadoras umas com as outras, mas não há nada mais poderoso do que compartilhar a Palavra de Deus. Então, minha amiga e eu estabelecemos uma hora para orarmos juntas em voz alta. Ela está num apartamento em outro Estado, e eu estou trancada num quarto de hotel escrevendo, mas juntas, no nosso horário combinado, declaramos a verdade dessas palavras sobre a vida dela. Se essa também for sua história, ore esse salmo em voz alta para si mesma. Não permita que a vergonha desanime você. Levante a cabeça para aquele que ama você e que tomou sobre si a sua vergonha na cruz.

Orando os salmos

Agora, todos os dias, antes de fazer qualquer outra coisa, eu oro um dos salmos. Como escreve Donald Whitney: "Deus nos deu os salmos para que os devolvêssemos para Deus."[8]

Deixe-me mostrar como funciona para mim. Obviamente, sua oração será diferente da minha, mas espero que este exemplo lhe dê uma ideia e sirva como referência. Não se trata da maneira certa de orar os salmos; é apenas uma maneira. Usarei um dos salmos mais conhecidos, Salmos 23:

O Senhor é o meu pastor; de nada terei falta.

Senhor,
Obrigada por seres o meu Pastor. Obrigada por me guardares hoje e, se eu me perder, por vires e me encontrares. Tu virás e me encontrarás. Sou grata por ter em ti tudo de que preciso. Peço que pastoreies meu marido e meu filho neste dia; sê próximo deles, Senhor, e guia-os.

Em verdes pastagens me faz repousar e me conduz a águas tranquilas; restaura-me o vigor.

Senhor,
Obrigada pela tua promessa de descanso. Ajuda-me a reconhecer esses lugares hoje, onde tu me convidas a sentar-me do teu lado e a deixar o mundo para lá. Obrigada por renovares a minha força enquanto eu descanso em ti. Estou cansada, Senhor. Ensina-me a descansar em ti em meio à correria da vida. Peço isso também para Barry e Christian. As provas finais de Christian se aproximam. Ajuda-o a encontrar a tua paz hoje.

Guia-me nas veredas da justiça por amor do seu nome.

Esta é a minha oração, Senhor. Quero seguir-te. Quero andar nos caminhos certos. Quero que minha vida traga honra para o teu nome. Obrigada por seres aquele que me guia; não preciso descobrir tudo por conta própria. Oro para que tu guies Barry e Christian no dia de hoje. Mantém-lhes os pés no caminho certo. Que nossas vidas tragam honra para ti.

Mesmo quando eu andar por um vale de trevas e morte, não temerei perigo algum, pois tu estás comigo; a tua vara e o teu cajado me protegem.

Senhor,

Elevo meus queridos amigos a ti. Eles têm passado tanto tempo num vale de trevas! Dá-lhes hoje a tua paz; ajuda-os a não ter medo. Protege-os dos pensamentos que os atormentam. Senhor, tu lhe fizeste o cérebro. Tu podes renová-lo. Por favor, toca e cura-o. Oro também pelos filhos. Isso é tão difícil para eles, Pai. Protege-lhes a mente e consola-lhes o coração.

Preparas um banquete para mim à vista dos meus inimigos.

O mundo está cada vez mais hostil, Senhor, mas tu és bom. Tu foste o mesmo ontem, tu és o mesmo hoje e tu serás o mesmo quando eu entrar no amanhã. Obrigada por todas as tuas bênçãos e dádivas. Obrigada porque teu sacrifício na cruz me promete perdão, paz e alegria em ti.

Tu me honras, ungindo a minha cabeça com óleo e fazendo transbordar o meu cálice.

Senhor,

Agradeço porque, assim como um pastor derrama óleo sobre a cabeça de suas ovelhas para curar-lhes as feridas e manter afastadas as moscas que as atormentam, tu unges minha cabeça com o óleo da tua Palavra para afastar as mentiras perturbadoras do inimigo, as quais tentam distrair-nos. Sou grata pelo óleo curador da tua presença.

Sei que a bondade e a fidelidade me acompanharão todos os dias da minha vida, e voltarei à casa do Senhor enquanto eu viver.

Pai,

Eu não te encontrei; tu me encontraste. Obrigada. Obrigada por prometer que completarás a obra que começaste em mim até o dia em que finalmente te verei face a face. Teu amor não falha. Obrigada, Senhor. Meu amor falhará, mas teu amor jamais falhará. Obrigada, Pai. Amém.

Percebe como eu, de muitas maneiras, estou orando como faria normalmente? Oro por meu marido e por meu filho, oro por meu amigo que tem um tumor cerebral, mas eu permito que a Palavra de Deus direcione minhas orações. À medida que você se familiarizar com os salmos, saberá onde inserir orações específicas, mas não tenha medo de folheá-los até encontrar um salmo que fale com você em determinado momento. Em *Praying the Bible*, Donald Whitney sugere o seguinte método: pegue o dia do mês, digamos que seja o dia 21, então dê uma olhada em Salmos 21. Se ele falar a você, fique com ele; caso contrário, conte trinta salmos até Salmos 51, 81 ou 111. Não existe maneira correta de fazer isso, mas eu lhe prometo que há poder em orar a Palavra de Deus, mesmo quando você está no seu limite.

Nenhuma de nossas dores é desperdiçada

A igreja já estava quase vazia agora, e Barry arrumava algumas coisas antes de voltarmos para o hotel, pois estava ficando tarde. Após cada palestra ou ensinamento, eu tento ficar o máximo possível para ouvir e conversar com as mulheres que participaram. Às vezes, minha transparência sobre diferentes lutas que vivi abre-lhes uma porta para compartilhar, talvez pela primeira vez, o que elas vivenciaram. Eu não trato essa parte da minha vida levianamente. É um espaço sagrado. Enquanto ouço, vejo mais uma vez que Cristo é um Redentor maravilhoso e que nenhuma de nossas dores é desperdiçada.

Uma mulher estava sentada sozinha no último banco. Eu não quis supor que ela esperava para conversar comigo, mas também não quis sair dali sem perguntar. Sentei-me no banco e perguntei se ela queria ficar sozinha. A mulher disse: "Eu estou sozinha." Perguntei se eu podia ficar sentada ao lado dela por alguns momentos, e ela permitiu. Não vou compartilhar a história dela — mas parte daquilo que ela estava sentindo talvez se aplique também a você. Aquela mulher vinha atravessando uma situação dolorosa já por muito tempo, estava esgotada.

Uma coisa que ela disse tocou meu coração. Eu já tinha ouvido isso muitas vezes. Ela falou: "Ninguém conhece as lágrimas que chorei." Comentou que algumas amigas a apoiaram muito no início, mas a vida continua. "Não posso esperar que elas estejam por perto para sempre", concluiu. O que a fazia sentir-se tão só era o pensamento de que ninguém conhecia a profundeza de sua dor ou as lágrimas que fluíam semana após semana e mês após mês.

Há situações em que me faltam as palavras. Algumas feridas são profundas demais para expressar em palavras, e a realidade é que, mesmo que a família e os amigos possam compartilhar os fardos que carregamos, há momentos em que não há ninguém por perto. Abri minha bolsa e encontrei o que estava procurando. Era um presente que eu havia recebido de uma amiga vários anos antes. Na época, quando abri o presente, eu não sabia o que era. A pequena garrafa de vidro era de um lindo azul-cobalto, tinha uns cinco centímetros de tamanho, e uma filigrana de prata a envolvia. Pensei que fosse um frasco de perfume, ainda que muito pequeno, mas o bilhete dela explicava tratar-se de um frasco de lágrimas que ela tinha encontrado numa loja em Israel. Pesquisei um pouco e descobri que essas garrafinhas eram comuns na Roma e no Egito nos tempos de Cristo. Os pranteadores colhiam suas lágrimas enquanto caminhavam até o cemitério para enterrar um ente querido, um indício tangível do quanto aquela pessoa era amada. Quando chegavam à sepultura, o frasco era colocado dentro dela como testemunho de seu amor. Às vezes, mulheres eram contratadas para seguir os familiares em luto e encher esses frascos com suas lágrimas. Aparentemente, quanto mais angústia e lágrimas eram produzidas, mais a pessoa falecida era vista como importante e valorizada.

Coloquei o frasco na mão dela e expliquei por que eu o valorizava tanto e sempre o levava comigo. Ele me lembra de uma profunda verdade espiritual sobre a qual Davi escreveu em Salmos 56:8: "Registra, tu mesmo, o meu lamento; recolhe as minhas lágrimas em teu odre; acaso não estão anotadas em teu livro?"

Embora estivesse em situação desesperadora, Davi encontrou conforto no fato de que Deus via todo o seu sofrimento e colhia cada lágrima derramada. Amo a confiança de Davi na misericórdia e na fidelidade de Deus. Davi sabia, sem nenhuma dúvida, que o Deus Todo-poderoso nunca perde um momento, uma lágrima ou um suspiro de qualquer um de seus filhos. Encorajei minha amiga quebrantada a orar esse salmo todos os dias até que começasse a penetrar a medula de seus ossos.

Você não está sozinha.
Deus vê suas lágrimas.
Deus recolhe cada uma em seu frasco.
Apenas ele conhece o peso que você carrega.
Ele jamais abandonará você.

> *Uma das coisas mais lindas e poderosas em orar os salmos é que estamos unindo nossas vozes aos milhões que nos antecederam e que também os oraram.*

Uma das coisas mais lindas e poderosas em orar os salmos é que estamos unindo nossas vozes aos milhões que nos antecederam e que também os oraram. No livro de Salmos você pode encontrar palavras para expressar cada emoção, mesmo quando se sente muito afastada de Deus.

Quando você está em seca espiritual

Eu amo nossa equipe na Life Outreach International. Alguns de nós ficam na frente da câmera, mas muitos outros nos bastidores têm servido a Deus fielmente durante anos. Nas segundas-feiras de manhã, temos nossas reuniões pré-produção, nas quais falamos sobre os próximos convidados e sobre a ênfase da nossa missão. Nas noites de terça-feira, jantamos juntos e então vamos para o estúdio gravar três programas. Certa noite, perguntei a alguns dos membros da equipe qual era seu maior desafio espiritual no momento. Alguns disseram praticamente a mesma coisa: "Eu me sinto seco por dentro; as coisas não são mais tão estimulantes como eram. Parece que estou simplesmente vivendo no modo automático. Pedi que Deus me ajudasse, mas não sinto nada." A primeira coisa que eu disse aos meus amigos é que isso é normal. Todos nós passamos por períodos de seca espiritual. O maior presente que podemos dar a nós mesmos e ao Senhor é a nossa honestidade. Quando estou exausta e não consigo encontrar palavras para orar, muitas vezes recorro a este salmo:

> Como a corça anseia por águas correntes, a minha alma anseia por ti, ó Deus. A minha alma tem sede de Deus, do Deus vivo. Quando poderei entrar para apresentar-me a Deus? Minhas lágrimas têm sido o meu alimento de dia e de noite, pois me perguntam o tempo todo: "Onde está o seu Deus?" Quando me lembro destas coisas choro angustiado.

Pois eu costumava ir com a multidão, conduzindo a procissão à casa de Deus, com cantos de alegria e de ação de graças entre a multidão que festejava. Por que você está assim tão triste, ó minha alma? Por que está assim tão perturbada dentro de mim? Ponha a sua esperança em Deus! Pois ainda o louvarei; ele é o meu Salvador e o meu Deus. (Salmos 42:1-6)

Esse é um salmo brutalmente honesto. O coração do autor está partido. Ele lembra os dias em que a presença de Deus era bem próxima, mas agora está numa terrível situação de desânimo. Mas, então, ele se recompõe e conversa com a própria alma. Podemos até imaginar como ele se levanta quando chega à parte "Ponha a sua esperança em Deus! Pois ainda o louvarei; ele é o meu Salvador e o meu Deus" (Salmos 42:5,6).

Ele está declarando essa verdade para si mesmo. Está proclamando essa verdade à escuridão e ao inimigo, que adoraria que nos cansássemos e simplesmente desistíssemos. Orei esse salmo repetidas vezes quando estava exausta, e o trabalho se acumulava, e tudo o que eu queria era comprar uma passagem só de ida para Bora-Bora. Quando declaro a verdade de Deus em voz alta, ela eleva meu espírito. Ela me faz lembrar quem é Deus, quem sou eu, que sou amada. Se você estiver desanimada, peço que ore esse salmo para si mesma. Você pode, talvez, ir para um lugar calmo ou fazer uma caminhada e declará-lo em voz alta.

Cristo orou os salmos

Entre todas as razões para orar os salmos, não existe uma melhor do que esta: Jesus orou os salmos. Na cruz, ele clamou um salmo: "Meu Deus! Meu Deus! Por que me abandonaste?" (Salmos 22:1).

A crucificação é uma maneira cruel de morrer. A fim de respirar, a pessoa crucificada precisava erguer-se pelos três pregos, um em cada punho e outro que atravessava os tornozelos, para encher os pulmões de ar. Quando Cristo exclamou esse primeiro versículo de Salmos 22, é sensato acreditar que, ao deixar seu corpo cair novamente, ele continuou a orar o salmo em silêncio. Ao dar seu último suspiro, ele orou: "Nas tuas mãos entrego o meu espírito" (Salmos 31:5).

Ao ler os salmos, você percebe que Jesus está por toda parte. O teólogo alemão Dietrich Bonhoeffer descreveu os salmos desta forma:

> O homem Jesus Cristo, a quem nenhuma aflição, nenhum mal, nenhum sofrimento são estranhos e que, ainda assim, era totalmente inocente e justo, está orando no Saltério pela boca de sua igreja. O Saltério é o livro de oração de Jesus Cristo [...] Ele orou o Saltério, e agora esse se tornou o seu livro de oração por todos os tempos [...] Aqueles que oram os salmos se unem à oração de Jesus Cristo, suas orações alcançam os ouvidos de Deus. Cristo tornou-se intercessor desses.[9]

Cristo tornou-se nosso intercessor! Que poder! Que promessa! Espero que, com as citações deste capítulo, você reconheça que orar a Palavra de Deus sempre tem sido o caminho do povo de Deus. Mesmo preso na barriga de um peixe enorme, Jonas orou os salmos: "Em meu desespero clamei ao Senhor, e ele me respondeu. Do ventre da morte gritei por socorro, e ouviste o meu clamor" (Jonas 2:2).

Se você continuar a leitura de Jonas 2:3-9, verá que ele estava citando no mínimo dez salmos. Jonas tinha frequentado a academia dos salmos.

Dentro de sua Bíblia existe um livro de oração. Ele vai trazer conforto e força, ele vai ajudá-la a orar com poder e autoridade, ele vai guiá-la quando a estrada ficar escura.

"A tua palavra é lâmpada que ilumina os meus passos e luz que clareia o meu caminho" (Salmos 119:105).

> A mulher de oração não confia em sua própria força, mas no poder da Palavra de Deus.

LEMBRETES DE ORAÇÃO

1. Quando você ora a Palavra de Deus, ora com poder e autoridade.
2. Ore os salmos diariamente, sabendo que eles eram o livro de oração de Jesus.
3. Quando orar, peça que o Espírito Santo guie você.

UMA ORAÇÃO PARA QUANDO VOCÊ ORAR COM O PODER DA PALAVRA DE DEUS

Pai,

Sou grata por tua Palavra. Sou grata pelos salmos. Começarei orando assim: "Abre os meus olhos para que eu veja as maravilhas da tua lei" (Salmos 119:18). Esta é a minha oração. Abre meus olhos para tudo o que tens para mim em tua Palavra. Obrigada por me dar um livro de oração. Espírito Santo, guia-me quando oro as Palavras de Deus de volta ao Pai. Amém.

CAPÍTULO OITO

Ore vestindo sua armadura

A mulher de oração veste toda a armadura de Deus, confiando nas promessas dele.

"Agora", disse Aslam, "vamos ao trabalho. Acho que vou dar um rugido. Melhor taparem os ouvidos."
Foi o que fizeram. Quando Aslam abriu a boca, seu rosto ficou tão apavorante que não tiveram coragem de olhar para ele. As árvores em frente curvaram-se ao sopro do rugido, como o capim se curva ao vento.

C. S. Lewis, O leão, *a feiticeira e o guarda-roupa*

Finalmente, fortaleçam-se no Senhor e no seu forte poder. Vistam toda a armadura de Deus, para poderem ficar firmes contra as ciladas do Diabo.

Efésios 6:10,11

Começa com apenas um ou dois. Tivemos paz durante todo o inverno, e então, de repente, como a vanguarda de um exército invasor, vejo os primeiros mosquitos do verão. Os verões em Dallas já são difíceis o bastante sem essas pequenas pragas. Nossos verões são extremamente quentes. Em 2011, tivemos temperaturas acima de 38 graus por quarenta dias seguidos. O calor é intenso, mas os mosquitos tornam a vida miserável. Eu levo picadas algumas vezes a cada ano, mas Christian e Barry parecem atrair os mosquitos como o fogo atrai mariposas. Quando eles são picados, as picadas se transformam em inchaços enormes.

Tentamos de tudo para tornar nosso jardim mais suportável. Antes de partir para a faculdade, Christian teve a brilhante ideia de usar uma tela mosquiteira para nos cobrir quando fôssemos sentar no jardim. Isso não só nos fez parecer ridículos, como o fantasma de Natais passados, mas a tela também dificultou muito que eu tomasse meu café da manhã. Depois tentamos citronela. Tínhamos velas por toda parte. Quando isso não ajudou, compramos tochas recarregáveis e as enchemos com citronela líquida. Elas também não adiantaram; produziam tanta fumaça, que mal conseguíamos respirar. Eu fiz uma pesquisa *on-line* e encomendei um tipo novo de repelente. Seu lema me convenceu: "Ligue-o, e os mosquitos já eram!" Supostamente, esse repelente criaria uma área de proteção de dez metros quadrados no nosso jardim. Parecia bom demais para ser verdade. E era. Em outros lugares, talvez os mosquitos se sentissem repelidos pelo fio de fumaça que saía do aparelho, mas, no Texas, eles veem isso como um convite para a festa.

Barry é mais atacado quando vamos caminhar com os cachorros no final da tarde. A aparência dele oferece um espetáculo e tanto. Ainda está muito quente, mesmo após o pôr do sol, mas suas calças estão enfiadas nas meias, e ele veste um casaco com um capuz que cobre sua cabeça. Ele usa pulseiras repelentes nos pulsos e tornozelos. Uma vez, acrescentou toalhas com amaciante ao conjunto. Sim, nós somos os vizinhos esquisitos. Poderíamos vender ingressos para as caminhadas dos Walsh.

Numa manhã, atingimos o ponto mais baixo. Barry encomendou uma barraca para o jardim, de modo que pudéssemos ficar dentro dela com os cachorros e tomar o café da manhã. Se alguma vez você voar para Dallas, olhe pela janela quando o avião estiver mais baixo e verá uma pequena barraca num jardim, então acene, pois seremos nós.

Distrações espirituais

Como mosquitos no verão, que nos irritam e distraem, o inimigo fará tudo o que puder para distrair-nos da oração. Ele nos importuna com pensamentos, acusações, correria — qualquer coisa que nos afaste da nossa arma mais poderosa.

Uma das distrações mais tentadoras a ser vencidas é a de confiar em como nos *sentimos* quando oramos. Nossos sentimentos nunca são um indício do poder de nossas orações; muitas vezes, entretanto, quando não nos sentimos ouvidos, somos tentados a desistir. Não existe nada que o inimigo adoraria mais. Em seu maravilhoso livrinho *Cartas de um diabo a seu aprendiz*, C. S. Lewis trata desse assunto. O livro consiste em 31 cartas escritas por um diabo chamado Maldanado ao seu jovem sobrinho Vermelindo, mostrando-lhe como atacar a fé do homem a quem ele foi designado para atormentar. Uma de suas estratégias principais é atacar a maneira como as pessoas oram.

> A [forma] mais simples é desviar a atenção deles para si mesmos. Mantenha-os ocupados com os próprios pensamentos e tentando produzir sentimentos pela ação de suas próprias vontades. Quando tiverem a intenção de pedir-lhe um ato de caridade, faça com que, em vez disso, comecem a tentar produzir neles mesmos sentimentos caridosos, mas sem que eles notem que são eles próprios que estão fazendo isso. Quando tiverem a ideia de orar por coragem, deixe-os tentar sentirem-se realmente corajosos. Quando disserem que estão orando por perdão, deixe-os tentar sentirem-se perdoados. Ensine-os a estimarem o valor de cada oração por seu sucesso em produzir o sentimento desejado.[1]

Como jovem cristã, eu costumava cair muito nessa armadilha. Quando parecia que minhas orações não passavam do teto do quarto, eu me sentia desencorajada e parava de orar. Não mais. Existe uma batalha espiritual que é travada à nossa volta todos os dias, e nós vamos aprender a batalhar em nome de Jesus. Juntas, avançaremos para além dos nossos sentimentos. Jesus merece muito mais do que filhas que só oram quando se sentem dispostas para tal. Queremos que nossa vida faça a diferença. Queremos saber como orar. Queremos saber o que dizer. Uma peça muito importante do quebra-cabeças de como orar com autoridade está escondida na oração que chamamos Pai Nosso. Na verdade, é a oração dos discípulos, ensinada por Cristo em resposta à pergunta que eles fizeram. Se você já se perguntou alguma vez: *Como Jesus quer que eu ore?*, saiba que Lucas e Mateus registraram para nós a resposta.

Ensina-nos a orar

> "Certo dia Jesus estava orando em determinado lugar. Tendo terminado, um dos seus discípulos lhe disse: 'Senhor, ensina-nos a orar, como João ensinou aos discípulos dele'" (Lucas 11:1)

Observando como Jesus vivia e as coisas milagrosas que fazia, os discípulos quiseram saber por que ele era tão diferente de todos os líderes religiosos de quem já tinham ouvido falar. Ele falava como alguém que tinha autoridade. Eles viam como Jesus passava tempo sozinho em oração e, portanto, querendo ser iguais a ele, pediram que os ensinasse a orar. Mateus insere essa oração no contexto do Sermão da Montanha (Mateus 6), mas Lucas deixa claro que essa é a oração que nos foi dada como resposta a uma pergunta direta de um discípulo. Não é uma oração para qualquer um que deseje lançar algumas palavras rápidas para o céu; é uma oração para aqueles que reconhecem o nome de Jesus. Essa é uma oração específica para os seguidores de Cristo.

> Vocês, orem assim: Pai nosso, que estás nos céus! Santificado seja o teu nome. Venha o teu Reino; seja feita a tua vontade, assim na terra como no céu. Dá-nos hoje o nosso pão de cada dia. Perdoa as nossas dívidas, assim como perdoamos aos nossos devedores. E não nos deixes cair em tentação, mas livra-nos do mal. (Mateus 6:9-13)

A oração começa assim: "Pai nosso, que estás nos céus!" É uma porta aberta muito pessoal para a presença de Deus. Dirigir-se a Deus como Aba era algo quase inaudito no judaísmo do primeiro século, mas esse privilégio é seu quando você pertence a Deus. Você não está indo até um Deus com quem criou um relacionamento; está indo para o seu Pai. Se você teve um bom relacionamento com seu pai, é fácil entender esse conceito. Se teve um relacionamento ruim ou danificado com seu pai, isso pode ser mais desafiador. Talvez seu pai tenha sido crítico e você sempre sentiu que não era capaz de satisfazer-lhe os padrões. Talvez não tenha sido a filha favorita na família. Agora você é. Você é aquela que Jesus ama. Acolhida pelo seu Pai. Gosto muito de como Simone Weil esclarece isso: "Nós não precisamos procurar por ele, precisamos apenas mudar a direção na qual olhamos."[2]

Passamos então do lugar do relacionamento para a adoração: "Santificado seja o teu nome" não é o tipo de linguagem que usaríamos numa conversa, mas Jesus está colocando lado a lado duas coisas que são diametralmente opostas: Deus é nosso Aba; ele também é santo. Não há ninguém no céu ou na terra que possa comparar-se ao nosso Deus. É fácil tornar-se indiferente na oração, mas, embora sejamos bem-vindas como estamos, devemos lembrar quem é Deus. Deus é um Deus santo. Quando Isaías viu o Senhor, ele pensou que sua vida tinha acabado.

> No ano em que o rei Uzias morreu, eu vi o Senhor assentado num trono alto e exaltado, e a aba de sua veste enchia o templo. Acima dele estavam serafins; cada um deles tinha seis asas: com duas cobriam o rosto, com duas cobriam os pés e com duas voavam. E proclamavam uns aos outros: "Santo, santo, santo é o Senhor dos Exércitos, a terra inteira está cheia da sua glória." Ao som das suas vozes os batentes das portas tremeram, e o templo ficou cheio de fumaça. Então gritei: Ai de mim! Estou perdido! Pois sou um homem de lábios impuros e vivo no meio de um povo de lábios impuros; os meus olhos viram o Rei, o Senhor dos Exércitos! (Isaías 6:1-5)

Quando entendemos a perfeita santidade de Deus, o convite para chamá-lo de Aba torna-se ainda mais incrível. Jamais quero tomar isso como algo garantido. Jamais quero tornar-me tão coleguinha de Deus a ponto de perder um temor reverente diante daquilo que ele é. Neste momento, ele está no trono, como Senhor da eternidade e Soberano para sempre.

"Venha o teu Reino." Você já sentiu tanta sede que pensou que não sobreviveria se não bebesse algo? Certa vez eu me esqueci de encher minha garrafa d'água numa viagem missionária na Tailândia. Nós tínhamos passado horas no carro, viajando pelas montanhas, e a temperatura estava acima de 37 graus. Eu só conseguia pensar em água. Acredito que é assim que Cristo espera que oremos, ansiando pelo Reino de Deus nesta terra. Oramos pelo derramamento do Espírito de Deus. Somos as portadoras do Reino de Deus, e isso devia fazer a diferença. Quando entramos numa sala, a atmosfera deveria mudar por causa daquele que vive em nós. Também oramos e ansiamos pelo dia glorioso em que Cristo retornará e todas as nossas lutas terrenas terminarão, quando finalmente o veremos face a face.

Então oramos: "Seja feita a tua vontade, assim na terra como no céu." Mesmo quando vemos os dias ficando mais escuros, continuamos a orar fielmente, pedindo que seja feita a vontade de Deus. Somos chamadas para orar pela nossa nação, não importa se vivemos nos Estados Unidos, na Austrália, no Brasil, na Escócia ou em Israel. O povo de Deus é chamado a orar por sua nação e por seus líderes para que seja feita a vontade de Deus. Quando Paulo escreveu a Timóteo, ele disse:

> Antes de tudo, recomendo que se façam súplicas, orações, intercessões e ações de graças por todos os homens; pelos reis e por todos os que exercem autoridade, para que tenhamos uma vida tranquila e pacífica, com toda a piedade e dignidade. Isso é bom e agradável perante Deus, nosso Salvador, que deseja que todos os homens sejam salvos e cheguem ao conhecimento da verdade. (1Timóteo 2:1-4)

É fácil esquecer-se de orar por aqueles que detêm autoridade. É muito mais fácil criticá-los, mas, como filhas de Deus, somos chamadas a orar por eles. Quem sabe o que Deus vai realizar no mundo invisível se nos alinharmos com sua Palavra e orarmos?

Mas não olhamos apenas para fora; olhamos também para dentro. Em oração, pedimos que seja feita a vontade de Deus não só na vida da nossa nação, mas também em nossa própria vida e na vida daqueles que amamos. Cristo orou dessa maneira quando foi tomado de tristeza no Jardim de Getsêmani. Assim, nós também, quando enfrentamos o que quer que seja no dia de hoje ou no amanhã, oramos não só pedindo que sejamos poupadas, mas que seja feita a vontade de Deus. Eu me lembro de uma de minhas orações do tipo "Seja feita a tua vontade".

Quando, após um exame de rotina, minha médica detectou o que acreditava ser câncer de ovário, ela queria que eu agendasse a cirurgia imediatamente. Na época, eu estava gravando um estudo bíblico quando recebi a ligação dela. Era tarde de uma quinta-feira. A cirurgia estava marcada para segunda de manhã. Eu me levantei cedo, antes do resto da equipe na manhã de sexta-feira e levei minha xícara de café até a varanda da fazenda em que estávamos hospedados. Quando o sol começou a nascer sobre o lago, caminhei até a beira dele. Ajoelhei-me e, com os braços elevados para o céu, orei:

> Pai,
>
> Isso é uma surpresa para mim, mas não é uma surpresa para ti. Obrigada por estares comigo neste momento e por estares comigo e com o cirurgião na segunda de manhã. Esta é a minha oração. Quero o que trouxer mais glória para ti. Se um câncer te trouxer mais glória — talvez haverá alguém na cama vizinha que ainda não te conhece —, então podes contar comigo.
>
> Eu digo "sim"! Se for a tua vontade que não seja câncer, então obrigada. Em todo caso, meu pedido sincero é que tu faças o que trouxer mais glória para o teu nome. Em nome de Jesus, amém.

Os resultados mostraram que era um tumor benigno. Eu não estou compartilhando isso como um momento do tipo "veja como eu me entreguei". Não. Estou escrevendo a você como sua irmã mais velha. Entreguei minha vida a Cristo aos onze anos de idade e passei muitos, muitos anos experimentando a fidelidade e a bondade de Deus. Ele tem um histórico comigo. Entendi, na medula dos meus ossos, que Deus é bom. Ele é por nós. Ele é fiel. Quero que você também tenha essa confiança, para que possa dizer *sim* a Deus e descansar na paz dele.

Em seguida, reconhecemos que dependemos totalmente da provisão de Deus. "Dá-nos hoje o nosso pão de cada dia." Passei por fases em que tive muito e por fases em que não tive nada. Tive de deixar uma casa luxuosa e ir para um apartamento pequeno com duas cadeiras brancas de plástico. O que permaneceu verdade em ambos os lugares é que meu Provedor é Deus.

Não conheço sua situação financeira. Talvez você se encontre numa condição maravilhosa, em que dinheiro nunca é uma preocupação, ou talvez esteja numa condição vulnerável, em que mal sobrevive ao mês. Sei como isso pode ser difícil. Aprendi mais sobre a bondade e a fidelidade de Deus durante os dias em que eu não sabia de onde viria o meu próximo cheque. Tenho certeza de que os ouvintes de Jesus naquele dia pensaram em seus ancestrais, que haviam caminhado pelo deserto por quarenta anos. Deus providenciou comida a eles todos os dias. Quando tentavam guardar algo para o dia seguinte, a comida estragava. Deus lhes estava ensinando: "Eu sou o seu Provedor. Eu sou hoje e serei amanhã." Em cada situação, uma coisa permaneceu verdade para eles, e a mesma coisa é verdade para nós: Deus é nosso Provedor, tenhamos muito ou pouco.

Jesus, então, chega à parte da oração em que tudo muda: "Perdoa as nossas dívidas, assim como perdoamos aos nossos devedores." Todo o resto da oração concentra-se em Deus, mas, aqui, os holofotes se voltam para nós por um instante. Perdão. Perdão é algo que muda o jogo. Se quisermos conhecer o poder de Deus na oração, precisamos perdoar. É significativo que perdão é a única coisa que Jesus pede de nós aqui. Ele cuidou de todo o resto na cruz. No relato de Mateus, Jesus acrescenta: "Pois se perdoarem as ofensas uns dos outros, o Pai celestial também lhes perdoará. Mas se não perdoarem uns aos outros, o Pai celestial não lhes perdoará as ofensas" (Mateus 6:14,15). Essa declaração é muito séria. Se quisermos receber perdão, nós devemos perdoar. Vai saber que tipo de reavivamento está sendo impedido por causa da falta de perdão! Sei que perdoar alguém pode ser muito difícil. Algumas atrocidades cometidas nesta terra são imperdoáveis — exceto por Cristo.

Se quisermos conhecer o poder de Deus na oração, precisamos perdoar.

Tenho uma amiga que foi tão gravemente espancada pelo marido, que teve a mandíbula fraturada por ele. E outra amiga que sofreu abuso sexual do próprio pai. Como devemos perdoar esses atos abomináveis? Queremos que a vida seja justa, mas ela não é. Perdão é o presente de Deus para nós num mundo que não é justo. Não houve nada de justo na execução brutal de Cristo na cruz, mas seu sacrifício permitiu que fôssemos todos perdoados. A única pessoa inocente tomou sobre si a nossa culpa para que pudéssemos ser livres e ter a liberdade de escolher o perdão. Quando decidimos perdoar, por um ato de nossa vontade, não estamos desculpando o que aconteceu. Estamos simplesmente entregando a ofensa a Cristo. Se houver alguém em sua vida, neste momento, que você não consegue perdoar, o inimigo vai adorar que continue assim. Enquanto você não abrir mão desse peso, ele pode atormentá-la com isso. Mas Satanás não tem nenhuma arma para combater o perdão. O perdão o deixa impotente. Você concordaria em orar comigo neste instante para entregar esse fardo a Jesus?

> Pai,
>
> Neste momento, por um ato de minha vontade, e não dos meus sentimentos, decido perdoar (nome da pessoa). Tenho-me agarrado a isso por tempo demais, e agora quero ser livre. Então, deposito esse peso aos teus pés e não voltarei a pegá-lo. Se o inimigo trouxer isso à minha mente mais uma vez, peço que tu me ajudes a entregá-lo imediatamente. Não sou mais uma vítima. Por causa de ti, Jesus, sou uma vencedora! Em nome de Jesus, amém.

Se tiver de fazer essa oração cem vezes até se libertar, faça a oração cem vezes. O passado se foi; você é uma nova mulher. Sua história jamais determinará seu destino em Jesus.

Por fim, pedimos que Deus nos proteja do mal. "E não nos deixes cair em tentação, mas livra-nos do mal." Nós estamos numa batalha. Temos um inimigo real. Ele não é Deus; é, porém, ardiloso e odeia tudo o que Deus ama (ou seja, você e eu). Graças a Deus não somos indefesas!

> Finalmente, fortaleçam-se no Senhor e no seu forte poder. Vistam toda a armadura de Deus, para poderem ficar firmes contra as ciladas do Diabo, pois a nossa luta não é contra seres humanos, mas contra os poderes e autoridades, contra os dominadores deste mundo de trevas, contra as forças espirituais do mal nas regiões celestiais. (Efésios 6:10-12)

Chegou a hora de se vestir

Preparar-se para a batalha espiritual é essencial. Não queremos enfrentar o inimigo quando estamos despreparadas.

Uma das coisas que aprendi muito cedo nas viagens missionárias é que você precisa vestir-se apropriadamente, em especial na África. Lá, a temperatura costuma passar dos 40 graus, portanto você precisa de roupa de algodão leve, mas também de botas de couro fortes nas quais possa enfiar suas calças para impedir que insetos grandes, sapos venenosos ou cobras subam por elas. Se o que vestimos em nossas viagens importa, aquilo que vestimos para nossas batalhas espirituais diárias importa um milhão de vezes mais.

Talvez você já tenha ouvido muitas mensagens sobre a armadura de Deus, mas minha pergunta é esta: você a veste todos os dias? Nem sempre eu me lembrava de fazer isso, mas mudei. Nosso mundo está ficando cada vez mais maligno. Nossa fé cristã estará sob ataque em um número crescente de arenas, e, quanto mais próximo o retorno de Cristo, mais intensificada estará a maldade do inimigo. Nossas armas são a oração e a Palavra de Deus.

> Usem o capacete da salvação e a espada do Espírito, que é a palavra de Deus. Orem no Espírito em todas as ocasiões, com toda oração e súplica; tendo isso em mente, estejam atentos e perseverem na oração por todos os santos. (Efésios 6:17,18)

Antes de estudarmos as peças específicas da armadura espiritual e o que elas significam, quero recordar duas coisas que o inimigo é e duas coisas realmente importantes que ele não é.

Satanás é um leão que ruge

> "Estejam alertas e vigiem. O Diabo, o inimigo de vocês, anda ao redor como leão, rugindo e procurando a quem possa devorar." (1Pedro 5:8)

Pedro deixa claro que a missão do inimigo é eliminar o maior número possível de cristãos, portanto temos de permanecer alertas. É por isso que é tão importante estar em comunhão com outros cristãos e fazer parte de uma igreja local. Quando você está sozinha, é muito mais fácil deixar-se levar, ser abatida, ficar desencorajada ou até mesmo ser afastada da fé.

Tenho conversado com muitas mulheres jovens que estão desiludidas com a igreja e acreditam não precisar dela. Entendo que somos um corpo imperfeito, mas o autor de Hebreus disse isto: "Não deixemos de reunir-nos como igreja, segundo o costume de alguns, mas encorajemo-nos uns aos outros, ainda mais quando vocês veem que se aproxima o Dia" (Hebreus 10:25).

Se o dia do retorno de Cristo estava próximo quando essa carta foi escrita, está muito mais próximo agora. Em muitas noites de sábado ou manhãs de domingo, quando volto para casa de uma palestra, tudo o que quero fazer é enfiar-me na cama e dormir. Mas, quando arrasto meu corpo cansado até a igreja e começamos a levantar nossas vozes juntos em adoração, algo muda dentro de mim. Lembro-me da bondade de Deus e de como ele é digno de ser louvado — quando nos sentimos revigoradas e também quando estamos exaustas. É muito mais fácil sermos abatidas pelo inimigo quando decidimos amar Jesus sozinhas. Entendo essa tentação, mas não é sábio nem bíblico. Precisamos umas das outras.

Satanás é um mentiroso e o pai da mentira

Jesus, ao falar com as multidões, descreveu Satanás desta maneira: "Ele foi homicida desde o princípio e não se apegou à verdade, pois não há verdade nele. Quando mente, fala a sua própria língua, pois é mentiroso e pai da mentira" (João 8:44).

Podemos voltar diretamente para o capítulo 3 de Gênesis e ver como Satanás mentiu para Adão e Eva, levando-os a duvidar da bondade de Deus. Em Gênesis 2, Deus os alertou e disse o que aconteceria se eles comessem daquela árvore no jardim: "E o SENHOR Deus ordenou ao homem: 'Coma livremente de qualquer árvore do jardim, mas não coma da árvore do conhecimento do bem e do mal, porque no dia em que dela comer, certamente você morrerá'" (Gênesis 2:16,17).

Quando Satanás entrou em cena, ele contradisse diretamente a Palavra de Deus: "Disse a serpente à mulher: 'Certamente não morrerão! Deus sabe que, no dia em que dele comerem, seus olhos se abrirão, e vocês, como Deus, serão conhecedores do bem e do mal'" (Gênesis 3:4,5).

Adão e Eva jamais deveriam morrer, e sim viver com Deus no Paraíso, comendo para sempre da Árvore da Vida, como todos nós também. Quando pecaram, Deus teve de expulsá-los do jardim. Agora estavam danificados e cheios de vergonha. Se lhes fosse permitido ficar no jardim e comer da Árvore da Vida, eles teriam vivido para sempre, mas estariam para sempre danificados. Deus amava-os demais, e a nós também, para permitir que isso acontecesse.

Satanás era um mentiroso na época e é um mentiroso agora; então, se você ouvir aquela velha voz familiar que diz: "Você nunca mudará. Deus não ama você. Ninguém ouve suas orações", reconheça quem está falando. Não é Deus; é o inimigo.

"Portanto, agora já não há condenação para os que estão em Cristo Jesus" (Romanos 8:1).

Não há condenação para aquelas de nós que aceitaram Cristo como Salvador; desse modo, quando se sentir condenada, saiba que esses sentimentos vêm do mentiroso. Ele tem algum poder, mas esse poder é muito limitado. O que mais importa é aquilo que ele não é.

Satanás não é onipresente

Deus é onipresente, o que significa que ele está bem aqui comigo enquanto escrevo e bem aí com você enquanto você lê. Em Salmos 139, Davi deixou claro que não podemos ir a nenhum lugar onde o Espírito de Deus não esteja. Você nunca está sozinha. Deus sempre está com você. Satanás, o anjo caído, não está. Ele só pode estar num lugar por vez, mas ele tem os seus demônios. "[...] pois a nossa luta não é contra seres humanos, mas contra os poderes e autoridades, contra os dominadores deste mundo de trevas, contra as forças espirituais do mal nas regiões celestiais" (Efésios 6:12).

Sabemos do livro de Jó (1:6-12) — e também do fato de Cristo ter sido levado ao deserto *pelo Espírito*, a fim de ser testado pelo diabo (Lucas 4:1,2) — que Satanás precisa pedir permissão a Deus antes de poder tocar em qualquer um dos seus filhos. Ouvi alguém dizer que Satanás é o oposto de Deus. Isso não é verdade. Satanás é uma criatura. Ele foi criado por Deus, como todos os seus anjos. Não chega nem perto do poder do nosso Pai. Não só Deus é onipotente e Satanás não, como também Deus é onisciente. Ele sabe tudo, enquanto tudo que o inimigo pode fazer é adivinhar.

Satanás não é onisciente

O fato de Satanás não ser onisciente é uma verdade da qual nos esquecemos às vezes. Sim, Satanás pode mentir para nós, esperando que acreditemos, mas ele não faz ideia se vamos ou não acreditar. Deixe-me dar uma ilustração de como isso funciona: imagine-se no topo de uma escada que desce para um porão. Você se sente deprimida, e Satanás lança a primeira mentira: "Sua vida nunca será melhor do que é neste momento." Se você acreditar nisso, desce um degrau. Depois vem a próxima: "Não parece que Deus está ouvindo suas orações, parece?" Acredite nessa mentira, e você desce outro degrau. "Deus não ama você tanto quanto ama sua amiga." Outro degrau. Ele está contando essas mentiras na esperança de que você acredite. Se as aceitar, você estará no fundo do porão antes mesmo de perceber. Precisamos combater as mentiras de Satanás com a verdade de Deus.

> "Porque sou eu que conheço os planos que tenho para vocês", diz o Senhor, "planos de fazê-los prosperar e não de lhes causar dano, planos de dar-lhes esperança e um futuro". (Jeremias 29:11)

> À tarde, pela manhã e ao meio-dia choro angustiado, e ele ouve a minha voz. (Salmos 55:17)

> Pois estou convencido de que nem morte nem vida, nem anjos nem demônios, nem o presente nem o futuro, nem quaisquer poderes, nem altura nem profundidade, nem qualquer outra coisa na criação será capaz de nos separar do amor de Deus que está em Cristo Jesus, nosso Senhor. (Romanos 8:38,39)

Quando combatemos cada uma das mentiras de Satanás com a verdade da Palavra de Deus, Satanás é obrigado a se afastar.

Toda a armadura de Deus

Paulo escreveu a carta aos Efésios quando estava na prisão em Roma. É uma das quatro cartas chamadas Epístolas da Prisão (as outras são Filipenses, Colossenses e Filemom). No primeiro capítulo de Filipenses, ele fala sobre como Deus está usando sua prisão para impactar os guardas do palácio. Quando Paulo escrevia, ele estava literalmente acorrentado a um soldado romano. Foi nessa situação, com essa figura ao seu lado todos os dias, que ele escreveu sobre a armadura de Deus.

> Por isso, vistam toda a armadura de Deus, para que possam resistir no dia mau e permanecer inabaláveis, depois de terem feito tudo. Assim, mantenham-se firmes, cingindo-se com o cinto da verdade, vestindo a couraça da justiça e tendo os pés calçados com a prontidão do evangelho da paz. Além disso, usem o escudo da fé, com o qual vocês poderão apagar todas as setas inflamadas do Maligno. Usem o capacete da salvação e a espada do Espírito, que é a palavra de Deus. (Efésios 6:13-17)

Há uma promessa poderosa nessas instruções. Ao vestir toda a armadura de Deus, a cada dia, seremos capazes de resistir ao inimigo e ainda estaremos de pé após a batalha que travamos. Isso é uma promessa, mas as instruções são claras: devemos vestir toda a armadura de Deus, não só uma ou duas das nossas peças favoritas. Quanto mais você se dedicar a ser uma mulher de oração, mais perceberá que se encontra numa batalha. Quando você não dá muita atenção à oração ou à Palavra de Deus, o inimigo não dá muita atenção a você; quando, porém, você decide entrar na briga com tudo o que tem e é, a guerra começa.

O cinto da verdade

No uniforme de um soldado romano, o cinto era uma peça central da armadura. Ele segurava a couraça e protegia as áreas mais vulneráveis do soldado sob seu peito, o estômago e a virilha. O cinto também segurava a espada. Sem essa parte da armadura, o soldado não teria como segurar a couraça ou a espada. Paulo está dizendo que, sem a verdade da Palavra de Deus, somos vulneráveis a ataques. Apenas a verdade de Deus pode derrotar as mentiras do inimigo.

A couraça da justiça

A couraça de um soldado protegia seu coração. Nós somos protegidos pela justiça de Cristo. Quando o inimigo quer nos atacar e acusar, nós lembramos de quem somos.

"Deus tornou pecado por nós aquele que não tinha pecado, para que nele nos tornássemos justiça de Deus." (2Coríntios 5:21)

É difícil aceitar essa verdade. Conhecemos nossos fracassos e o número de vezes que caímos, mas, por causa da obra terminada de Cristo, Deus vê Jesus quando olha para nós. Somos cobertas pelo sangue de Cristo. Assim, protegemos nosso coração, sabendo o que Cristo teve de pagar para nos salvar. Esse amor nos faz querer viver de maneira a honrá-lo.

As sandálias da paz

Paulo viu as sandálias que os soldados romanos usavam para manter-se firmes na batalha, então nos encoraja a sermos firmes por causa da paz que temos em Cristo. Quando permanecemos firmes em Cristo, sabendo o que ele fez por nós, estamos preparadas para levar as boas-novas de Jesus a um mundo que perdeu sua firmeza. Quando exibimos paz em meio a circunstâncias difíceis, outros desejarão saber o que nós sabemos. Seu nome é Jesus.

O escudo da fé

O escudo usado por um soldado romano na batalha era uma vista impressionante. Era grande e oval, tinha um metro e trinta de altura por oitenta centímetros de largura, e nada deixava passar. É isso que somos chamados a usar quando a vida é dura. Permanecemos firmes e dizemos: "Eu creio". Hebreus 11, o grande capítulo sobre a fé no Novo Testamento, começa assim: "Ora, a fé é a certeza daquilo que esperamos e a prova das coisas que não vemos" (Hebreus 11:1).

Você e eu passaremos por coisas difíceis que não fazem sentido, mas a fé nos permite adorar na escuridão, sabendo que Deus é bom.

O capacete da salvação

O capacete cobria e protegia a cabeça do soldado. O inimigo adoraria atacar nossos pensamentos e nossa mente para levar-nos a duvidar da salvação, mas sabemos que pertencemos a Cristo. Estas são as palavras de

Jesus: "Eu lhes dou a vida eterna, e elas jamais perecerão; ninguém as poderá arrancar da minha mão" (João 10:28).

Acredito que essa seja uma área de muita dificuldade para muitas de nós, mulheres. Repassamos os mesmos velhos registros em nossa mente. Quando me pego caindo nessa armadilha mais uma vez, eu me apoio neste versículo, declarando-o sobre a minha vida: "Destruímos argumentos e toda pretensão que se levanta contra o conhecimento de Deus, e levamos cativo todo pensamento, para torná-lo obediente a Cristo" (2Coríntios 10:5).

A *espada do Espírito*

Essa última peça da armadura foi uma surpresa para mim quando comecei a estudá-la. Achei que Paulo estava simplesmente dizendo que a Palavra de Deus é nossa espada na batalha, mas é muito mais específico do que isso: "[Usem] a espada do Espírito, que é a palavra de Deus" (Efésios 6:17).

A palavra usada para espada, aqui, é *machaira*, do grego. Não se refere à espada longa comum dos romanos. É o termo para uma espada curta ou adaga. Em outras palavras, é algo que você usaria na luta corpo a corpo. Perceba também que "palavra de Deus" usa um *p* minúsculo. Isso é muito importante. A palavra grega é *rhema*, que significa "uma frase ou expressão", não *logos*, que seria traduzida com um *P* maiúsculo e é a palavra usada para Cristo, o Verbo, ou para o todo das Escrituras. Isso significa que você e eu podemos encontrar promessas específicas de Deus nas Escrituras para combater os ataques do inimigo contra nossas vidas. Podemos personalizar nossas armas.

Se você estiver lutando contra a ansiedade, encontre sua arma.

Tu, Senhor, guardarás em perfeita paz aquele cujo propósito está firme, porque em ti confia. (Isaías 26:3)

Não andem ansiosos por coisa alguma, mas em tudo, pela oração e súplicas, e com ação de graças, apresentem seus pedidos a Deus. (Filipenses 4:6)

Se você estiver lutando contra a vergonha, encontre sua arma.

Os que olham para ele estão radiantes de alegria; seus rostos jamais mostrarão decepção. (Salmos 34:5)

Como diz a Escritura: "Todo o que nele confia jamais será envergonhado". (Romanos 10:11)

Se você estiver lutando contra o medo, encontre sua arma.

Não tema, pois eu o resgatei; eu o chamei pelo nome; você é meu. (Isaías 43:1)

Por isso não tema, pois estou com você; não tenha medo, pois sou o seu Deus. Eu o fortalecerei e o ajudarei; eu o segurarei com a minha mão direita vitoriosa. (Isaías 41:10)

Não importa qual seja a sua luta, encontre sua arma, e então, como escreve Paulo, permanecerão "inabaláveis, depois de terem feito tudo" (Efésios 6:13). Que promessa para cada mulher de oração!

Você não está sozinha. Estamos juntas. Os soldados romanos eram famosos por resistir; eles não recuavam e não deixavam seus postos. Por causa disso, podiam enfrentar e derrotar qualquer inimigo. E nós também podemos, em nome de Jesus!

> *A mulher de oração veste toda a armadura de Deus, confiando nas promessas dele.*

LEMBRETES DE ORAÇÃO

1. Ore para logo perdoar, segundo a orientação do Espírito Santo.
2. Ore enquanto veste cada peça de toda a armadura de Deus.
3. Ore pela ajuda de Deus para personalizar passagens bíblicas para que se tornem suas armas no combate às mentiras do inimigo.

UMA ORAÇÃO PARA QUANDO VOCÊ ORA EM SUA ARMADURA

Pai,

Hoje reivindico vitória sobre o inimigo ao vestir toda a armadura de Deus. Visto o cinto da verdade apoiando-me exclusivamente na tua verdade. Visto a couraça da justiça lembrando que a justiça de Cristo me reveste. Visto as sandálias da paz, e hoje caminharei na tua paz. Que tua paz irradie de mim para outros. Obrigada pelo capacete da salvação. Eu pertenço a ti, e ninguém e nada pode tirar-me da tua mão. Obrigada pelas adagas específicas que tu me deste em tua Palavra para combater o inimigo. Como mulher de oração, permaneço firme em ti. Amém.

CAPÍTULO NOVE

Ore quando você precisa de um grande avanço

A mulher de oração sabe que o maior avanço ocorre em seu próprio coração.

Então, se você estiver orando por um avanço e ele não acontece e, aliás, se estiver experimentando mais tentações de desânimo, frustração, cansaço e cinismo do que antes, não desista. Lutas cada vez mais intensas sempre antecedem avanços estratégicos.

Jon Bloom

Pois, embora vivamos como homens, não lutamos segundo os padrões humanos. As armas com as quais lutamos não são humanas; ao contrário, são poderosas em Deus para destruir fortalezas.

2Coríntios 10:3,4

Eu não sou fã de voos logo pela manhã. Costumo parecer melhor depois do almoço. Um voo às seis da manhã significa que preciso ser acordada às quatro, mas, de vez em quando, essa é minha única opção. Normalmente, viajo aos fins de semana, a não ser que seja uma viagem internacional, mas, naquela ocasião específica, eu participei de quatro eventos, um após o outro, em quatro Estados diferentes, dentro de seis dias. O primeiro evento foi numa quarta-feira, em Peoria. Tudo correu bem. Oitocentas mulheres lotaram a capela de uma universidade, onde falei sobre um dos meus temas favoritos: "Celebre suas cicatrizes como tatuagens de triunfo." Eu não fazia ideia do número de pequenas "cicatrizes" que seriam acrescentadas durante a viagem!

Na manhã seguinte, Barry e eu tivemos outro voo às seis da manhã, dessa vez para Chicago. A manhã começou bem, como era de se esperar no portão B do aeroporto de Peoria. É um aeroporto muito pequeno, sem café que mereça o nome. Eles tinham uma garrafa de alguma coisa, mas cheirava a uma combinação de café, chá e carne cozida, e eu recusei. A hora de embarcar veio e passou, e todos estávamos ainda sentados na sala de embarque perguntando-nos o que estava acontecendo. Eu podia ver nosso avião estacionado, mas nada acontecia. Trinta minutos depois, o piloto apareceu e anunciou pelo alto-falante: "Temos um pássaro na cabine!" Aparentemente, o pássaro tinha entrado quando abriram a porta para dar início ao embarque. Eu já tinha ouvido falar de pássaros chocando-se contra o exterior de aviões e causando grandes danos, mas nunca de um pássaro que tentasse pegar carona até Chicago. O piloto perguntou se alguém tinha um pouco de pão para dar. Eu raramente carrego pão comigo, mas uma senhora idosa atrás de mim ofereceu parte de seu sanduíche. Suponho que era para atrair o pássaro para fora do avião, mas quem sabe...

Uma hora depois, o piloto voltou sem pássaro nem sanduíche. "Ele entrou no painel de controles", disse. "Temos de aguardar o técnico." O técnico acabou aparecendo e então desapareceu dentro do avião. Outros trinta minutos, ele reapareceu triunfante, e nós embarcamos. O avião se aproximou da pista, e o piloto anunciou que éramos o número um na fila de decolagem. (Éramos o único avião.) No entanto, alguns minutos mais tarde, o piloto voltou a se pronunciar pelo sistema de som: "O pássaro reapareceu!" E lá estávamos nós — de volta ao portão. Todos desembarcamos de novo. A essa altura, a mistura de café, chá e carne cozida começou a parecer uma boa ideia. Segundo o piloto, o técnico acreditava ter pego o pássaro, mas a ave devia estar escondida. Não sei bem como você pode achar que pegou um pássaro sem tê-lo na mão. Agora, ele e o copiloto andariam com o avião pelo aeroporto para ver se o pássaro apareceria novamente ao ouvir as turbinas.

É impossível inventar esse tipo de história.

Fiquei observando pela janela do terminal como o avião dava volta após volta. Eu sabia que, a essa altura, Barry e eu já tínhamos perdido nossa conexão em Chicago, mas, felizmente, a próxima conferência em Rochester só começaria na noite seguinte. Quando vimos o avião retornar para o portão, ousamos ter esperança. O piloto anunciou que o pássaro era um "coleguinha esperto" e ainda estava escondido. Eu perguntei qual era o protocolo oficial para um pássaro na cabine de comando. Se fosse apenas um pássaro pequeno, poderíamos partir? Ele garantiu que não. O piloto e o copiloto poderiam voar com o avião, mas sem passageiros. Assim, os três — piloto, copiloto e pássaro — partiram para Chicago. Sem brincadeira! Eu queria arrombar aquela porta e me oferecer como babá do pássaro, mas achei que a Administração Federal de Aviação não aprovaria.

Estávamos ali agora já havia oito horas. Como não haveria outras saídas até o voo das seis da manhã seguinte, Barry e eu procuramos um hotel perto do aeroporto para passar a noite. Eu estava exausta e, sentada à escrivaninha no nosso quarto, descansava a cabeça em minha mão, esperando Barry terminar o banho, quando então minha cabeça escorregou e bateu no canto da mesa. Eu soube imediatamente que um dos meus dentes tinha caído, pois eu podia senti-lo na minha língua. Esperava apenas que não fosse um dente da frente, mas é claro que era. Bem do meio. Como algo tão superficial como uma faceta de porcelana podia fazer tanta diferença! Dentro de meros dez segundos, passei de uma pessoa de aparência comum a uma caipira. O que restava era um toco amarelado no meio da boca. Além disso, descobri que, agora, eu assobiava quando falava. Barry pesquisou um pouco e descobriu que todos os dentistas em Rochester tiram folga na sexta-feira e que, mesmo que houvesse um dentista viciado em trabalho, estava havendo uma convenção odontológica em Minneapolis naquele fim de semana, e todos estavam lá.

No dia seguinte, nosso voo decolou no horário previsto e, quando pousamos em Rochester, começou a nevar. Barry perguntou:

— Onde está seu casaco?

— Acho que deixei em Peoria — eu disse. Estava nevando em mim. — Olhe, Barry! — eu gritei. — Sou um desastre. Meu cabelo está encharcado, não tenho casaco e não tenho dente!

Como eu subiria ao palco naquela noite? Por mais engraçada que fosse a minha aparência, eu precisava de um avanço espiritual para poder abrir mão de tudo.

Tive de pedir a ajuda de Deus para enxergar além das coisas que não estavam indo bem e ver que a razão de eu estar ali naquela noite eram as mulheres que participariam do evento. A ironia é que eu falaria sobre meu livro mais recente, *Tudo bem não estar bem*. Essa era, claramente, a prova de fogo, pois minha aparência não estava nada bem.

Dias assim são frustrantes, mas nós sobrevivemos. No entanto, há momentos na vida em que tudo dá errado e nós precisamos desesperadamente de um grande avanço. Bem agora você pode estar lutando com todas as suas forças para salvar seu casamento. Talvez tenha um filho que se afastou da fé ou um filho viciado em drogas. Ou talvez sua própria saúde a esteja preocupando. Você recebeu um diagnóstico avassalador. Não importa o que esteja enfrentando, uma coisa é evidente: você precisa de um avanço da parte de Deus.

O que é um avanço?

O dicionário Merriam-Webster define "avanço*" desta forma: "ato de atravessar um obstáculo". Significa também "um movimento repentino, dramático e importante". Você já esteve numa situação em que era exatamente essa a sua necessidade? Você precisava de um caminho para atravessar o que estava à sua frente, pois tudo o que conseguia ver era um muro.

Já estudamos como ser implacáveis em nossas orações, fiéis em continuar orando, mesmo quando Deus parece calado. Falamos sobre enfrentar cada dia com a armadura de Deus, prontas para a batalha. Mas isso é diferente. Como orar quando precisamos de uma guinada? E qual é a diferença entre guerra espiritual e orar por um grande avanço?

Na guerra espiritual, nós nos equipamos para deter as forças das trevas. Nós nos preparamos para resistir ao inimigo e aos seus ataques. Quando pedimos um avanço a Deus, oramos para que o céu invada a terra. Pedimos que Deus liberte-nos porque não conseguimos libertar a nós mesmas. Em situações assim, sabemos que apenas Deus pode dar-nos o avanço de que necessitamos. Se você já vem orando há algum tempo, quero encorajá-la

---

* Ou: guinada, virada, reviravolta de uma situação, revolução, salto de qualidade. [N. do T.]

a continuar. Continue pedindo, continue batendo à porta, pois Deus está ouvindo. Eu experimentei isso diversas vezes em minha própria vida quando precisava ouvir de Deus.

Uma coisa nova

Quando eu estava na faculdade, passei por alguns meses nos quais a vida parecia esmagadora. Eu tinha ido ao seminário porque pensava que Deus me queria como missionária na Índia, mas, quanto mais eu orava a respeito disso, mais aumentavam as minhas dúvidas. Eu me lembro de pensar: "E se eu nem devia estar aqui? E se eu entendi tudo errado e todos os outros se formarem sabendo para onde vão e eu não tiver a menor ideia do que fazer?". À medida que o dia da formatura se aproximava, todas as manhãs eu caminhava numa floresta perto do meu dormitório, antes das aulas, e implorava que Deus me mostrasse o que fazer. A cada noite, eu me ajoelhava ao lado da cama pedindo ajuda a Deus enquanto as lágrimas escorriam pelo meu rosto. Eu queria servir a Deus com toda a minha vida, mas não sabia como. Às vezes, eu refletia sobre meu passado, de onde eu tinha vindo, e me perguntava se era isso que estava errado. Por que Deus escolheria alguém cujo pai tinha cometido suicídio? Talvez a morte dele fosse culpa minha, no final das contas. Todos os outros alunos pareciam muito mais dignos para servir a Deus do que eu. Eu me sentia quebrada. Orei, chorei, orei.

Certa manhã, minha leitura bíblica foi uma passagem de Isaías: "Esqueçam o que se foi; não vivam no passado. Vejam, estou fazendo uma coisa nova! Ela já está surgindo! Vocês não a reconhecem? Até no deserto vou abrir um caminho e riachos no ermo" (Isaías 43:18,19).

Achei uma promessa linda, mas não apliquei a mim mesma. No culto daquele dia, um professor pregou sobre essa mesma passagem. Eu a sublinhei na Bíblia e fui para a minha primeira aula. Quando me ajoelhei ao lado da cama naquela noite, pedi a Deus mais uma vez um avanço, uma mudança. *Pai, se tu apenas falasses comigo... Não importa o que queiras de mim, eu o farei. Só preciso saber que tu estás comigo.* Eu estava prestes a desligar a luz quando houve uma leve batida na porta. A hora de apagar as luzes já tinha passado, e eu sabia que não deveríamos mais estar no quarto de outra pessoa. Saí da cama e vi que um envelope tinha sido passado por debaixo da porta. Eu o peguei e abri. Dentro dele havia uma mensagem de uma das minhas amigas e uma folha de papel dobrada. O bilhete dizia que ela esteve o dia todo tentando encontrar-me porque Deus havia dado a ela uma mensagem para mim. Desdobrei a folha de papel, e lá, na linda caligrafia dela, estava a mensagem de Deus: "Esqueçam o que se foi; não vivam no passado. Vejam, estou fazendo uma coisa nova! Ela já está surgindo! Vocês não a reconhecem? Até no deserto vou abrir um caminho e riachos no ermo" (Isaías 43:18,19).

Foi um lindo avanço! Eu ainda não sabia para onde ir depois da formatura, mas sabia que Deus tinha um plano e estava fazendo algo novo. Às vezes, quando oramos por um avanço, ele vem rapidamente, mas, às vezes, temos de esperar. A Palavra de Deus está cheia de avanços, de guinadas, e um dos mais dramáticos ocorreu na vida de Daniel. Nós o conhecemos no Antigo Testamento, quando as coisas estavam ruins para o povo eleito de Deus.

A reviravolta de Daniel

Quando Daniel tinha uns quinze anos de idade, ele fez parte da grande multidão de israelitas que foram levados em cativeiro para a Babilônia. Foi um período catastrófico. Eles tinham sido alertados repetidas vezes, por meio dos profetas, sobre o que aconteceria se não se arrependessem e voltassem para Deus, mas ignoraram todos os alertas. Agora, Jerusalém e o templo estavam destruídos, e o povo vivia numa terra pagã, obrigado a curvar-se diante de deuses pagãos. Como escreve Warren Wiersbe: "Deus preferia seu povo vivendo em um cativeiro vergonhoso, numa terra pagã, a vê-lo vivendo como pagão na Terra Santa e desonrando o seu nome."[1]

Daniel provou ser um homem santo, independentemente de onde vivia. Quando cresceu, recebeu um lugar de honra no palácio, o que não foi muito bem visto por outras pessoas de autoridade. Decidiram livrar-se dele. O rei Dario amava e respeitava Daniel, mas foi enganado e levado a assinar um decreto segundo o qual, se alguém fosse pego orando a outro deus além do rei durante os trinta dias seguintes, seria jogado na cova dos leões. Aqueles em altas posições sabiam que Daniel orava ao Senhor três vezes ao dia, e, quando relataram que Daniel havia sido visto orando, seu destino estava selado.

O que me comove profundamente é que Daniel nunca orava às escondidas. As pessoas sabiam que Daniel orava ao Deus dele. Suas janelas ficavam na direção das ruínas de Jerusalém, e, três vezes ao dia, ele as abria e se ajoelhava para orar. Daniel também sabia do decreto. Sabia que, se continuasse a orar, estaria colocando sua vida em risco. Mesmo assim, ele orou. O rei ficou angustiado quando aqueles que odiavam Daniel relataram que ele foi pego orando, mas não podia voltar atrás num decreto assinado. Naqueles dias, um decreto assinado por um rei era irrevogável. Suas últimas palavras a Daniel, antes que ele fosse levado para ser dilacerado, foram estas: "Que o seu Deus, a quem você serve continuamente, o livre" (Daniel 6:16).

Se, como eu, você ouviu a história de Daniel na cova dos leões na escola dominical, sua familiaridade pode cegá-la ao terror dessa situação. A história conta-nos que os persas empregavam muitas formas de tortura, algumas das quais extremamente dolorosas. Eles esperavam que os leões devorassem Daniel e que nada restasse dele, além de alguns ossos, na manhã seguinte.

Eles, então, o jogaram na cova, ou caverna, e a entrada foi selada com o selo do rei para que ninguém o rompesse e resgatasse Daniel. Se alguém já precisou de uma reviravolta, essa pessoa era Daniel. Muitas vezes me perguntei como teria sido aquela noite. Lemos que anjos foram enviados para selar as bocas dos leões. Que guinada um tanto espetacular! Na manhã, o rei, que não conseguira pregar os olhos a noite toda, correu até a cova e chamou pelo nome de Daniel antes que tivesse a coragem de abrir o selo.

> "Daniel, servo do Deus vivo, será que o seu Deus, a quem você serve continuamente, pôde livrá-lo dos leões?" Daniel respondeu: "Ó rei, vive para sempre! O meu Deus enviou o seu anjo, que fechou a boca dos leões. Eles não me fizeram mal algum, pois fui considerado inocente à vista de Deus. Também contra ti não cometi mal algum, ó rei." O rei muito se alegrou e ordenou que tirassem Daniel da cova. Quando o tiraram da cova, viram que não havia nele nenhum ferimento, pois ele tinha confiado no seu Deus. (Daniel 6:20-23)

A Bíblia contém muitas histórias milagrosas de libertação. Aqui, Daniel recebeu uma resposta imediata, mas, em algumas ocasiões, como também acontece comigo e com você, ele teve de esperar.

Avanço adiado

Agora, Daniel está com 85 anos de idade. No ano anterior, 50 mil judeus tinham recebido a permissão de voltar para Jerusalém a fim de reconstruir o templo. Como membro da corte real, Daniel recebia notícias regularmente e sabia que as coisas não estavam indo bem. A fundação do templo havia sido lançada, mas houve tanta oposição (veja Esdras 4), que tudo agora permanecia parado. Daniel sentia-se triste por causa dessa interrupção. O que ele não entendia é que esse atraso de dezesseis anos era parte do plano de Deus e o cumprimento de sua promessa a Jeremias. Você se lembra deste versículo tão amado?

"'Porque sou eu que conheço os planos que tenho para vocês', diz o Senhor, 'planos de fazê-los prosperar e não de lhes causar dano, planos de dar-lhes esperança e um futuro'" (Jeremias 29:11).

Amamos a esperança nesse versículo, mas o anterior diz o seguinte: "Assim diz o Senhor: 'Quando se completarem os setenta anos da Babilônia, eu cumprirei a minha promessa em favor de vocês, de trazê-los de volta para este lugar'" (Jeremias 29:10).

Em seu comentário sobre o Antigo Testamento, Warren Wiersbe explica que a promessa em Jeremias foi feita ao povo de Deus e também ao templo de Deus. Os primeiros judeus foram levados em 605 a.C., e o primeiro grupo retornou em 536 a.C., setenta anos depois. O templo foi destruído em 586 a.C. Quando os 50 mil retornaram, em 536 a.C., eles começaram a reconstruir o templo, mas foram parados imediatamente. Outros dezesseis anos se passariam antes de reiniciarem a construção, em 520 a.C., e de completarem o templo, em 515 a.C. A cronologia de Deus é perfeita, setenta anos.[2] Passaram-se setenta anos até o povo retornar, e passaram-se setenta anos até que o templo fosse reconstruído. Talvez isso seja matemática demais para você, mas quero que tenha uma visão geral da sua vida quando a cronologia de Deus parece não fazer sentido a você. Deus sabe o que está fazendo. Ele é por você. Ele está com você. Ele não esqueceu você. Daniel não conseguia enxergar todo o plano e, por isso, ele se entristeceu e orou. Na verdade, é daí que vem o Jejum de Daniel.

"Naquela ocasião eu, Daniel, passei três semanas chorando. Não comi nada saboroso; carne e vinho nem provei; e não usei nenhuma essência aromática, até se passarem as três semanas" (Daniel 10:2,3).

Durante três semanas, Daniel orou por um avanço, e parecia que nenhuma mudança estava a caminho. Então, certo dia, às margens do rio Tigre, um anjo apareceu a Daniel. Não consigo imaginar como foi, mas parece ter sido magnífico, pois Daniel, o mesmo que tinha encarado leões, desmaiou. O anjo o tocou e disse isto:

> Não tenha medo, Daniel. Desde o primeiro dia em que você decidiu buscar entendimento e humilhar-se diante do seu Deus, suas palavras foram ouvidas, e eu vim em resposta a elas. Mas o príncipe do reino da Pérsia me resistiu durante vinte e um dias. Então Miguel, um dos príncipes supremos, veio em minha ajuda, pois eu fui impedido de prosseguir ali com os reis da Pérsia. (Daniel 10:12,13)

É importante lembrar que, quando oramos por um avanço, Deus envia seus santos embaixadores para batalharem por nós. "Os anjos não são, todos eles, espíritos ministradores enviados para servir aqueles que hão de herdar a salvação?" (Hebreus 1:14).

Nenhum avanço

A resposta de Deus à situação de Daniel na cova dos leões foi uma reviravolta imediata. Talvez você tenha experimentado algo assim em sua própria vida. Mas, às vezes, não avançamos. As famílias oram com fervor, reúnem guerreiros de oração, mas não recebem a resposta que desejam. E, nesses tempos dolorosos, nós nos agarramos à bondade de Deus mesmo quando não entendemos os seus caminhos. Se você já passou por isso, saiba que o resultado não teve nada a ver com a maneira como você orou, ou com quantas vezes orou, ou com quão desesperadamente orou. Algum dia, quando você estiver face a face com Jesus, todas as perguntas desaparecerão. Até lá, não permita que o inimigo ou qualquer amiga "bem-intencionada" sugira que, de alguma forma, você tenha fracassado.

Deus tem um plano que é maior do que o nosso entendimento, e ele prometeu que coisas boas resultariam de tudo o que acontece conosco. Isso não significa que tudo é bom ou agradável, mas ele trará bons resultados para aqueles que o amam. Deus tem um propósito singular para nossa vida e para a vida daqueles que amamos.

> "Sabemos que Deus age em todas as coisas para o bem daqueles que o amam, dos que foram chamados de acordo com o seu propósito."
> (Romanos 8:28)

Às vezes, um avanço importante logo acontece; às vezes, demora a ocorrer; às vezes, não vem como pedimos. Em momentos difíceis, eu me pergunto se o avanço que Deus procura é um avanço dentro de nós. Talvez esse seja o mais significativo de todos. Penso em Moisés. Desde que os filhos de Israel tinham sido libertos da escravidão do Egito, eles só reclamavam. Enquanto Moisés recebia os Dez Mandamentos, o povo festejava ao pé da montanha, fazendo ídolos de ouro.

> Depois ordenou o SENHOR a Moisés: "Saia deste lugar, com o povo que você tirou do Egito, e vá para a terra que prometi com juramento a Abraão, a Isaque e a Jacó, dizendo: Eu a darei a seus descendentes [...] Vão para a terra onde manam leite e mel. Mas eu não irei com vocês, pois vocês são um povo obstinado". (Êxodo 33:1,3)

Como Moisés e o povo responderiam a essa oferta de Deus? Pense nisso. Deus estava prometendo que eles poderiam ter todas as coisas que desejassem. Teriam a terra que ele prometera a Abraão, a terra onde manam leite e mel. Havia apenas um porém. Deus não os acompanharia. Como você reagiria? Se Deus lhe dissesse: "Eu responderei a cada oração sua, eu lhe darei o filho, o marido, a carreira que você pediu. A única diferença é que minha presença não estará contigo", como você responderia? Minha oração é que você responda como Moisés. "Então Moisés lhe declarou: 'Se não fores conosco, não nos envies'" (Êxodo 33:15).

Amo essa resposta. Ele está dizendo: "Prefiro ficar vagando pelo deserto para sempre contigo a continuar sem o meu Deus." Essa também é a minha resposta. Tudo sem Deus é nada. Nada com Deus é tudo. Quando finalmente alcançamos essa postura, que liberdade, que vitória! Esse, sim, é um avanço espiritual.

Quem é você?

Daniel e Moisés conseguiram permanecer firmes quando tudo ao redor estava desabando, pois eles sabiam quem eram — não seu trabalho ou sua missão, mas sua identidade verdadeira. Mesmo vivendo e trabalhando no palácio do rei, Daniel sabia que ele pertencia a Deus, e nada nem ninguém podia mudar essa sua lealdade. Moisés tinha experimentado a vida no palácio e uma vida em fuga, e a rocha na qual ele agora se apoiava era o grande EU SOU. O mesmo vale para você e para mim. Visto que nossa identidade se baseia em quem somos em Cristo, podemos permanecer firmes, e orar, e crer que Deus trará um avanço, não importa o quanto demore ou se é o que esperamos. Entender nossa identidade verdadeira e eterna é muito importante; isso muda tudo.

Durante muitos anos, não fazia ideia de quem eu era, e, quando a pressão da vida era esmagadora, eu desmoronava. Desmoronar foi o avanço de que precisei. Desmoronar foi um presente de Deus para mim. Deus começou a retirar cada máscara ou camada de que eu dependia. Eu não era mais uma artista cristã contemporânea ou uma apresentadora de TV. Eu era uma paciente psiquiátrica com o diagnóstico de uma doença mental. Realmente pensei em pôr um fim à minha vida, pois acreditava não restar mais nenhuma vida. O que descobri naquele estado foi tão lindo! Um relacionamento com Jesus baseado em nada que pudesse ter sido minha contribuição, baseado apenas em quem ele é e em como ele ama. Não importava se eu voltaria ao palco. Eu sabia quem eu era. Sou Sheila Walsh, filha do Rei dos reis. É quem somos como filhas de Deus, e, nos dias em que sentimos nossa identidade abalada, podemos lembrar as seguintes verdades:

Eu sou escolhida.

"Vocês não me escolheram, mas eu os escolhi." (João 15:16)

Eu sou livre.

"E conhecerão a verdade, e a verdade os libertará." (João 8:32)

Eu sou uma nova pessoa.

"Portanto, se alguém está em Cristo, é nova criação." (2Coríntios 5:17)

Eu fui perdoada.
"Nele temos a redenção por meio de seu sangue, o perdão dos pecados, de acordo com as riquezas da graça de Deus." (Efésios 1:7)

Eu não estou condenada.
"Portanto, agora já não há condenação para os que estão em Cristo Jesus." (Romanos 8:1)

Eu estou curada.
"Por suas feridas vocês foram curados." (1Pedro 2:24)

Encontrar nossa identidade em qualquer outra coisa que não em Cristo é como construir uma casa ao pé de um vulcão que pode entrar em erupção a qualquer instante. Se alguém ou alguma coisa destruir aquela identidade, não sabemos mais quem somos. Fomos criadas para adorar, e adoraremos alguma coisa, sejam nossos filhos, seja nossa imagem, seja nosso time de futebol, seja até mesmo nosso serviço para Cristo. A essência permanece a mesma: fomos feitas para Deus, e nada nem ninguém além de Deus pode preencher as profundezas de nossa alma. Ainda que você tenha um casamento maravilhoso, uma carreira bem-sucedida e filhos lindos, percebe que, mesmo nos melhores dias, permanece uma dor?

Se sua identidade é ser uma boa mãe e seu filho sair dos trilhos, quem você passa a ser? Se sua identidade for baseada em seu emprego e você o perder, ou se não for promovida, como vai consertar o dano causado em sua alma? Se sua identidade é ser casada e seu marido trocá-la por uma mulher mais nova, como isso afeta sua visão de quem você é? Se sua identidade for baseada em sua aparência, quando você começar a ficar mais velha, essa sua identidade será cada vez mais desafiada. Não existe fonte da juventude. Sim, há Botox, e cirurgia plástica, e tinta, e maquiagem, mas, mesmo que você tenha condições de pagar por tudo isso, existem limites ao que se pode fazer.

Quando nossa identidade não é o que somos em Cristo, o solo em que pisamos torna-se instável. Fomos feitas para muito mais. Se é sua oração honesta ter um verdadeiro avanço espiritual em sua vida, um novo nível de oração, uma nova autoridade em Cristo, então deve começar a construir sua confiança não sobre aquilo que você é, mas sobre quem nosso Deus é.

Se você chegou até aqui, talvez esteja pensando agora: "Tudo isso é maravilhoso, mas é um pouco demais para mim no momento". Uma pilha de roupas precisa ser lavada, a pia está cheia de louça, contas precisam ser pagas, e um avanço é a última coisa em sua mente. Eu entendo. E quero que saiba, contudo, que Deus espera fazer parte de tudo isso, das pequenas coisas, das coisas do dia a dia. Ele vê tudo a seu respeito, e ele deseja ser tudo de que você precisa. Para tanto, você precisa saber quem ele é. Há tantos versículos na Bíblia que falam sobre seu caráter! Você pode até saber que ele é seu refúgio, mas sabia que ele é também um Conselheiro maravilhoso, que ele será seu Pai para sempre? Talvez você encontre conforto na verdade de que ele é a sua paz, mas sabia que ele é também a sua força? A Bíblia contém inúmeras expressões de quem é Deus. Quando você orar, recite as seguintes passagens bíblicas, mas procure personalizá-las.

> *Se é sua oração honesta ter um verdadeiro avanço espiritual em sua vida, um novo nível de oração, uma nova autoridade em Cristo, então deve começar a construir sua confiança não sobre aquilo que você é, mas sobre quem nosso Deus é.*

"Ele será chamado Maravilhoso Conselheiro, Deus Poderoso, Pai Eterno, Príncipe da Paz." (Isaías 9:6)

Tu és meu Conselheiro maravilhoso. Tu és meu Deus poderoso. Tu és meu Pai eterno. Tu és meu Príncipe da Paz.

Torne suas as verdades da Bíblia. Recite-as. Declare-as sobre sua vida!

Eu te amo, ó Senhor, minha força. (Salmos 18:1)

Deus é amor. Todo aquele que permanece no amor permanece em Deus, e Deus nele. Dessa forma o amor está aperfeiçoado entre nós. (1João 4:16,17)

Tu és o meu abrigo; tu me preservarás das angústias e me cercarás de canções de livramento. (Salmos 32:7)

De fato, eu, o Senhor, não mudo. (Malaquias 3:6)

O Senhor é misericordioso e compassivo, paciente e transbordante de amor. (Salmos 145:8)

Existem várias outras expressões de quem é Deus. No fim das contas, ele é bom, ele é amor, ele quer o melhor para você. Se estiver orando por um avanço em alguma área de sua vida, não desanime e não desista. O inimigo adoraria se você desistisse antes de receber uma resposta, mas insista em avançar e lembre-se disto: "Aquele que está em vocês é maior do que aquele que está no mundo" (1João 4:4).

> A mulher de oração sabe que o maior avanço ocorre em seu próprio coração.

LEMBRETES DE ORAÇÃO

1. Ore acreditando que Deus trabalha em cada área na qual você precisa avançar.
2. Ao orar, lembre-se de quem Deus diz que você é.
3. Ore com ousadia, sabendo que a cronologia de Deus é perfeita.

UMA ORAÇÃO PARA QUANDO VOCÊ PRECISA DE UM AVANÇO

Pai,

Obrigada por ser um Deus fiel que ouve minhas orações. Agora, eu trago para diante de ti cada área da minha vida em que preciso de uma guinada; minha família, meu dinheiro, minha saúde. Ajuda-me espiritualmente, mentalmente, fisicamente, emocionalmente. Peço por um avanço em nome de Jesus! Amém.

CAPÍTULO DEZ

Ore com uma postura de vitória

A mulher de oração sabe que a batalha já foi vencida.

A necessidade urgente numa era como a nossa, quando tantas pessoas estão orando tanto, não é de mais atividade, e sim de mais autoridade.

Peter Grieg

Deus ressuscitou vocês, como fez com Cristo! Pensem nisso! Todos os pecados perdoados, a lista toda apagada, a velha ordem de prisão cancelada e pregada na cruz de Cristo. Ali ele desapossou todos os tiranos espirituais do Universo de sua autoridade falsa e os obrigou a marchar humilhados pelas ruas.

Colossenses 2:13-15, *A Mensagem*

Deus às vezes derrama em nosso coração, como uma única gota de chuva, o início de um novo sonho ou uma visão, mas você sabe que mais está por vir. Foi o que aconteceu comigo dois anos atrás, e agora, a chuva está começando a cair.

— Acho que devíamos verificar se o domínio de *website* "Mulher de oração" está disponível — Barry disse durante o café da manhã.

— Por que acha isso? — perguntei.

— Não tenho certeza, mas acordei às três da madrugada pensando nisso — ele respondeu. — E não sai da minha cabeça. Acho que devemos fazer alguma coisa com isso.

A ideia de mulheres em oração tocou profundamente bem dentro de mim. Nos últimos anos, eu vinha estudando a oração em minha própria vida, mas nunca tinha pensado em escrever sobre isso. O tamanho do tema me assustava.

Decidimos verificar se o domínio estava disponível. Estava, mas o preço era alto. Então decidimos esperar e orar sobre a compra durante alguns dias. Não demorou, e ambos passamos a ter uma forte sensação de que Deus tinha colocado isso em nosso coração. Daí fomos em frente; compramos e registramos o nome.

— E agora? — Barry perguntou.

— Não faço ideia — eu disse. — Vamos aguardar.

Assim, aguardamos.

Algumas semanas depois, recebi um *e-mail* de uma mulher que eu não conhecia. Ela me disse que tinha sido instruída a convidar vinte líderes cristãs dos Estados Unidos para uma reunião importante em Washington, capital do país, e queria saber se eu participaria. Eu lhe disse que verificaria minha agenda e que ligaria de volta. Quando retornei a ligação, as coisas já tinham mudado. "Agora", ela disse, "eu só posso convidar quatro mulheres. Você será uma delas?" Eu disse que sim. Já que não nos conhecíamos, decidimos tomar café da manhã juntas antes de irmos para a reunião. Meu voo para Washington atrasou e, assim, cheguei alguns minutos mais tarde. Quando cheguei, as outras mulheres já estavam conversando animadamente. Eu me apresentei e sentei.

— Estamos falando sobre oração — uma delas disse. — Até tentamos conseguir o domínio "Mulher de oração", mas alguém foi mais rápido que nós.

Eu sorri e disse:

— Sim, fui eu.

De imediato, todas percebemos que havíamos sido reunidas ali, naquela manhã, por Deus. Todas vínhamos de contextos diferentes. A mais nova entre nós era uma advogada brilhante que trabalha no sistema de adoção. Outra mulher trabalha com alunos no país inteiro; outra, com órfãos na África; e outra, num ministério de mulheres numa igreja grande. Nossa vida cotidiana jamais nos teria reunido, mas Deus, sim. Percebi naquele dia que meu propósito em Washington não tinha nada a ver com a reunião que estávamos prestes a realizar, mas tudo a ver com essas quatro mulheres e o nosso chamado para a oração. Não fazíamos ideia de qual seria o nosso envolvimento umas com as outras, mas sabíamos que Deus tinha cruzado nossos caminhos por um motivo. Decidimos que o próximo passo seria manter contato uma vez por semana.

Nosso grito de guerra

Tudo começou pequeno, devagar. Nas manhãs de segunda-feira, fazíamos chamadas de vídeo, orávamos umas pelas outras e perguntávamos a Deus o que ele queria que fizéssemos. Dentro de pouco tempo, a visão começou a ficar mais clara. Estávamos sendo chamadas a convocar mulheres para a oração no país inteiro. Nossa visão não era sobre um evento ou qualquer pessoa específica. Tratava-se simplesmente de orar. Alguém sugeriu o nome "Ela ama em voz alta", pois o amor não é silencioso, e nós também não deveríamos ficar em silêncio quando se trata de falar do amor e da misericórdia de Deus. Tornou-se absolutamente claro que a oração é aquilo que une cada uma de nós. Não sabíamos para onde Deus levaria essa visão, mas sabíamos que nós, como filhas de Deus, podíamos fazer algo juntas. Não importa onde vivemos, se somos ricas ou pobres, fortes ou fracas, podemos orar como uma só.

Se você é aluna de faculdade, se está aposentada, ou internada num hospital, ou no trabalho, se tem nove ou 99 anos de idade, podemos estar juntas em oração.

Pedi a Deus que nos desse um versículo para servir como nosso versículo-lema, e ele me levou a Salmos 68:11 (NVT): "O Senhor dá a ordem, e um exército de mulheres traz boas notícias."

Não demorou, e já éramos doze com a mesma visão, unidas todas as segundas-feiras em chamadas de vídeo. Tenho reuniões de produção às segundas no estúdio em que trabalho, por isso eu me juntava às chamadas de vídeo em trajes de trabalho e quase nenhuma maquiagem. Uma das garotas da Califórnia se juntava a nós ainda de pijama, os cabelos presos com uma presilha em formato de banana, e outras mulheres acessavam as chamadas no carro, enquanto dirigiam até o trabalho. Éramos um grupo de aparência bem interessante. Você não ama o fato de Deus muitas vezes escolher as pessoas menos prováveis para missões especiais? Gosto muito do fato de sermos tão diferentes! Denominações diferentes, cor de pele diferente, experiências de vida diferentes, idades diferentes, mas todas unidas numa coisa: amamos Jesus e acreditamos que a oração muda as coisas.

As chamadas de vídeo às segundas de manhã eram boas, mas sentíamos que seria importante nos reunirmos num mesmo local para conversar e orar. Então, na primavera de 2019, nós nos encontramos numa fazenda no leste do Texas. Durante o jantar na primeira noite, compartilhamos nossas histórias de como Deus encontrou cada uma nos espaços arruinados da vida. Algumas das mulheres eu conhecia por nome ou fama, mas nunca tinha ouvido suas histórias pessoais. A experiência foi profundamente comovente, e uma coisa ficou clara: Jesus era o herói de cada história. Uma das mulheres tinha passado por um divórcio indesejado, outra tinha sofrido abusos, algumas haviam lutado contra a depressão, mas o tema comum era que, no ponto mais baixo de nossas vidas, descobrimos quem somos e a quem pertencemos, e isso nos fez corajosas; não só corajosas, como também vitoriosas em Cristo. Tínhamos aprendido a vencer em nome dele. As coisas que o inimigo pretendera usar para nos destruir acabaram por nos tornar, nas mãos de Cristo, mais fortes. Para mim, ficou muito claro por que Deus havia colocado a paixão pela oração dentro de cada uma de nós. Juntas tínhamos provado o lado amargo da vida — injustiça, traição, câncer, doença mental, suicídio em nossas famílias.

Não era apenas uma questão de acreditar que nosso Deus é Curador, Redentor, Restaurador, Libertador, Refúgio, Advogado, Fortaleza. Sabíamos que ele é tudo isso porque assim ele vinha sendo para cada uma de nós. Agora, estávamos prontas para lutar por nossas irmãs. No segundo dia, fomos para fora, a fim de orar ao ar livre. Ajoelhamos num círculo e colocamos as mãos na terra. Algumas de nós se prostraram com o rosto em terra, então adoramos e oramos. Oramos pela nossa nação, oramos por aquelas que perderam a esperança, por aquelas que foram castigadas pela vida, por aquelas que se sentem perdidas, desprezadas, invisíveis.

Pensei em todas as lágrimas caídas na terra em gerações anteriores, nas orações regadas por lágrimas pedindo a Deus um reavivamento. Suplicamos a Deus que pudéssemos viver para ver o fruto daquelas lágrimas e orações cheias de fé. J. Edwin Orr certa vez disse que "cada reavivamento na história tem sua origem num grupo de pessoas que se reuniram para orar."[1] Nossa história documenta um período em que isso aconteceu na universidade de Yale.

> Em 1905, as reuniões de oração começaram a se multiplicar na universidade de Yale. Um dos professores ficou tão impressionado, que mandou uma carta a John R. Mott na qual escreveu: "Queremos que venha para Yale para uma série de reuniões [...] O Espírito de Deus está aqui conosco em poder [...] Nunca vivi um momento em que houvesse tantos inquiridores." O resultado dessas reuniões foi um despertamento em que um de cada três alunos da Yale participou de algum grupo pequeno de estudos bíblicos. K. S. Latourette escreve que a turma de 1909, que tinha começado a faculdade em 1905, produziu mais missionários do que qualquer outra turma na história da Yale.[2]

Anseio por presenciar um reavivamento desses mais uma vez nos *campi* e nas cidades da nação inteira.

Em conversas em torno da fogueira, naquela noite, cada uma de nós compartilhou seus versículos de batalha. Descobrimos que cada uma tinha uma passagem bíblica particular, a própria adaga da Palavra de Deus para as batalhas mais ferozes da vida. Esta é a minha: "Esta certeza eu tenho: viverei até ver a bondade do Senhor na terra. Espere no Senhor. Seja forte! Coragem! Espere no Senhor" (Salmos 27:13,14).

Quando fui internada com depressão clínica severa, a grande tentação era tirar minha própria vida. Nas horas mais escuras da noite, o inimigo sussurrava em meu ouvido:

Você é igual ao seu pai.
Não sairá daqui com vida.
Acabe logo com isso.
Ninguém jamais voltará a confiar em você.

Você está sozinha.
Jamais vencerá esta batalha.

Aos prantos, eu me arrastava para fora da cama, levantava meus braços e orava esta passagem sem parar: "Esta certeza eu tenho: viverei até ver a bondade do Senhor na terra. Espere no Senhor. Seja forte! Coragem! Espere no Senhor."

Honestamente, eu não *sentia* que isso era verdade. Não sentia que voltaria a ver a bondade do Senhor na terra dos vivos. Eu sabia que veria sua bondade quando minha vida aqui embaixo terminasse, mas não sabia como vencer a escuridão nesta terra. Se você já experimentou depressão severa, conhece a escuridão e a terrível falta de esperança. É como se sua alma estivesse presa num inverno eterno.

Apesar de não sentir que aquelas palavras eram verdadeiras, eu as declarei verdadeiras. Certa noite, eu as declarei em voz tão alta, que dois outros pacientes e uma enfermeira vieram conferir se eu estava vendo coisas no meu quarto! Os versículos 13 e 14 de Salmos 27 tornaram-se meus versículos de luta. Você tem um versículo de luta? Existe uma passagem bíblica a que você se agarra, que você declara para a sua vida quando tudo parece desmoronar ao redor? Se não tiver uma passagem assim, talvez queira usar alguma das minhas favoritas.

> O nome do Senhor é uma torre forte; os justos correm para ela e estão seguros. (Provérbios 18:10)

> Aquele que habita no abrigo do Altíssimo e descansa à sombra do Todo-poderoso pode dizer ao Senhor: "Tu és o meu refúgio e a minha fortaleza, o meu Deus, em quem confio". (Salmos 91:1,2)

> O Senhor é bom, um refúgio em tempos de angústia. Ele protege os que nele confiam. (Naum 1:7)

> Tens sido refúgio para os pobres, refúgio para o necessitado em sua aflição, abrigo contra a tempestade e sombra contra o calor. (Isaías 25:4)

Podemos declarar esses versículos e neles descansar com confiança absoluta, pois são a Palavra de Deus. Não esperamos apenas que sejam verdade; sabemos que são verdade. A menor pessoa, a mais fraca, faz tremer os demônios no inferno quando deposita sua confiança em Cristo.

Oração, a arma preferida de Cristo

Você já percebeu quantas vezes, nos evangelhos, Cristo se retira para orar?

Tendo despedido a multidão, subiu sozinho a um monte para orar. (Mateus 14:23)

De madrugada, quando ainda estava escuro, Jesus levantou-se, saiu de casa e foi para um lugar deserto, onde ficou orando. (Marcos 1:35)

Num daqueles dias, Jesus saiu para o monte a fim de orar, e passou a noite orando a Deus. (Lucas 6:12)

Existem muitas outras referências a Cristo orando, por toda uma noite, ou antes do amanhecer, ou em Getsêmani antes de encarar a maior batalha de todas. Oração era a arma preferida de Cristo na terra, mas você sabia que tem sido a arma dele o tempo todo desde então?

Ora, daqueles sacerdotes tem havido muitos, porque a morte os impede de continuar em seu ofício; mas, visto que vive para sempre, Jesus tem um sacerdócio permanente. Portanto, ele é capaz de salvar definitivamente aqueles que, por meio dele, aproximam-se de Deus, pois vive sempre para interceder por eles. (Hebreus 7:23-25)

Pare um momento e releia isso. Cristo, o Cordeiro imaculado de Deus, aquele cujas palavras criaram o nosso mundo, aquele que mantém as estrelas e os planetas no lugar, aquele que foi traído, açoitado, torturado e crucificado, aquele que ressurgiu dos mortos está orando por você bem agora!

No texto, o autor de Hebreus fala sobre o antigo sistema segundo o qual um sumo sacerdote entrava uma vez por ano no Santo dos Santos para fazer um sacrifício, a fim de expiar os pecados do povo. Era um sistema imperfeito. Os sacerdotes eram humanos. Eles morriam, então era necessário encontrar um substituto. Nosso Sumo Sacerdote é Jesus, que morreu uma vez e ressuscitou. Jamais haverá interrupção em suas orações por nós. A oração é não somente a arma preferida de Cristo, mas também a fragrância escolhida de Deus no céu.

A fragrância do céu

Nosso filho Christian estuda na Texas A&M em College Station, no Texas. Quando ele partiu para a faculdade, vendemos nossa casa e procuramos algo menor. Costumávamos morar em Frisco, no Texas, mas agora estamos em Dallas, trinta minutos mais próximos de College Station. Até agora, Christian não parece ter percebido que, aos poucos, estamos chegando cada vez mais perto dele.

Quando o visitamos, gostamos de nos hospedar num hotel específico, por várias razões. O hotel tem um tema ferroviário. College Station recebeu esse nome porque costumava ser a parada dos alunos que vinham de trem para a faculdade. No elevador, não se aperta o botão do seu andar, mas o da sua plataforma. A mascote do hotel é uma ovelha, e há um "rebanho" em tamanho real espalhado ao redor do hotel. Quando nos hospedamos nesse hotel pela primeira vez, Barry achou que seria engraçado pegar uma das ovelhas na recepção e colocar ao meu lado enquanto eu dormia. Se você também estava hospedado nesse hotel na época, peço desculpas caso tenha acordado por causa do meu grito arrepiante.

Mas a razão principal pela qual amamos esse hotel é que, no momento em que você passa pela porta, é saudado por sua fragrância especial. É um cheiro que nunca encontrei em outro lugar, e ele está por toda parte — na recepção, no elevador, nos quartos. Certa vez, quando perguntamos que cheiro era aquele, um funcionário disse-nos que era uma mistura de carvalho e brasas, um aroma amadeirado que lembra noites texanas e que foi escolhido para ser usado apenas nesse hotel.

Deus tem um perfume escolhido especialmente para o céu, e esse perfume são as orações de seu povo. Nas revelações dadas a João, na ilha de Patmos, João escreveu o seguinte quando falou de Jesus:

> Ele se aproximou e recebeu o livro da mão direita daquele que estava assentado no trono. Ao recebê-lo, os quatro seres viventes e os vinte e quatro anciãos prostraram-se diante do Cordeiro. Cada um deles tinha uma harpa e taças de ouro cheias de incenso, que são as orações dos santos. (Apocalipse 5:7,8)

E João também escreveu:

> Outro anjo, que trazia um incensário de ouro, aproximou-se e se colocou de pé junto ao altar. A ele foi dado muito incenso para oferecer com as orações de todos os santos sobre o altar de ouro diante do trono. E da mão do anjo subiu diante de Deus a fumaça do incenso com as orações dos santos. (Apocalipse 8:3,4)

O salmista Davi sabia que nossas orações são como uma oferta de incenso para Deus: "Seja a minha oração como incenso diante de ti, e o levantar das minhas mãos, como a oferta da tarde" (Salmos 141:2).

Deus podia ter escolhido qualquer coisa como fragrância do céu. Ele podia ter escolhido a participação na igreja, o dízimo ou o bom comportamento. E escolheu a oração. Quando esta vida chegar ao fim e então entrarmos no céu, sentiremos aquela fragrância familiar, as orações do povo de Deus.

Nossas orações às vezes são ofertas de adoração, às vezes de petição, mas há momentos em que elas precisam ser orações de autoridade, feitas com ousadia em nome de Jesus. Podemos orar com uma autoridade segura por causa daquilo que Cristo fez por nós.

Hora de tomar o seu lugar

No dia 6 de junho de 2019, o mundo parou para honrar uma data significativa, o 75º aniversário do Dia D. Naquele dia, em 1944, que marcou o começo do fim da Segunda Guerra Mundial, forças britânicas, canadenses e norte-americanas invadiram o norte da França, desembarcando nas praias da Normandia. Elas estavam determinadas a forçar o recuo da máquina de guerra nazista de Hitler. Eu me lembro de perguntar à minha mãe o que ela recordava da guerra. Ela me contou da noite em que um jovem paraquedista alemão, que tinha errado seu ponto de aterrissagem, desceu no jardim dos meus avós. Meu avô chamou a polícia local para que o levassem embora, mas, antes que eles chegassem, minha mãe foi dar uma olhada nesse soldado "inimigo". "Era apenas um garoto", ela disse. "Como ele poderia ser o inimigo?"

Hoje, porém, enfrentamos uma guerra em que o inimigo é muito claro. Não há como confundir seus motivos ou sua intenção maligna, não há negociações, nenhuma possibilidade de um tratado de paz, pois ele é pura maldade. Mas nós podemos derrotá-lo quando oramos com autoridade. Para que possamos fazer isso, precisamos antes perceber onde nos assentamos, e isso começa por entendermos onde Cristo está assentado neste momento.

> Oro também para que os olhos do coração de vocês sejam iluminados, a fim de que vocês conheçam a esperança para a qual ele os chamou, as riquezas da gloriosa herança dele nos santos e a incomparável grandeza do seu poder para conosco, os que cremos, conforme a atuação da sua poderosa força. Esse poder ele exerceu em Cristo, ressuscitando-o dos mortos e fazendo-o assentar-se à sua direita, nas regiões celestiais, muito acima de todo governo e autoridade, poder e domínio, e de todo nome que se possa mencionar, não apenas nesta era, mas também na que há de vir. Deus colocou todas as coisas debaixo de seus pés e o designou cabeça de todas as coisas para a igreja. (Efésios 1:18-22)

Jesus está assentado à direita de Deus. Paulo explica ainda que, por causa do lugar em que Jesus está, nosso lugar também foi elevado de forma significativa.

> Todavia, Deus, que é rico em misericórdia, pelo grande amor com que nos amou, deu-nos vida com Cristo, quando ainda estávamos mortos

em transgressões — pela graça vocês são salvos. Deus nos ressuscitou com Cristo e com ele nos fez assentar nos lugares celestiais em Cristo Jesus. (Efésios 2:4-6)

Francamente, não é fácil entender isso. O que significa estar assentado nos lugares celestiais? Neste momento, pelo que consigo ver, estou sentada à minha escrivaninha em Dallas. O que, então, Paulo está dizendo? Algumas coisas. Uma coisa é certa: assim como Cristo deixou para trás a morte e o julgamento, nós também os deixamos para trás. A morte não tem poder sobre um cristão. Jamais precisamos ter medo. Partiremos diretamente desta vida para estarmos com Jesus. Além disso, não enfrentaremos o julgamento de Deus diante do grande trono branco. Isso está reservado para aqueles que nunca aceitaram o sacrifício de Cristo por seus pecados. Nós, porém, seremos julgados diante de Cristo.

"Pois todos nós devemos comparecer perante o tribunal de Cristo, para que cada um receba de acordo com as obras praticadas por meio do corpo, quer sejam boas quer sejam más" (2Coríntios 5:10).

Esse julgamento, você deve ter notado, não trata de punições, mas de recompensas. Não pense nem por um momento que Deus ignora tudo o que você faz para servir-lhe. Não importa se outra pessoa veja, Deus vê. Muitas pessoas, incluindo eu, foram presenteadas com ministérios públicos, mas não pense que eles são mais significativos para Deus. Tenho uma amiga que não pode sair de casa, mas ela dedica grande parte de seu dia à oração. Nas partes mais pobres da África, conheci muitas mulheres que servem a Deus em silêncio todos os dias. Frances, minha irmã mais velha, tem uma voz adorável. Ela serve a Deus em lugares onde não há grande público nem aplausos. Eu subo em palcos muito grandes no mundo inteiro, mas costumo dizer a ela: "Quando chegarmos ao céu, você dá um abraço em Jesus por mim? Acho que você será mais próxima dele!" Não importa se aquilo que você faz por Deus recebe muitos aplausos aqui na terra. Espere até chegar em casa!

A morte e o julgamento ficaram para trás; e o que mais Paulo está dizendo?

Uma mudança de endereço

As coisas ficam um pouco mais claras quando lemos o seguinte:

> Portanto, já que vocês ressuscitaram com Cristo, procurem as coisas que são do alto, onde Cristo está assentado à direita de Deus. Mantenham o pensamento nas coisas do alto, e não nas coisas terrenas. Pois vocês morreram, e agora a sua vida está escondida com Cristo em Deus. (Colossenses 3:1-3)

Quando Deus nos olha, ele já nos vê assentadas ao lado de Cristo. É fato consumado. O encorajamento de Paulo aos colossenses ajuda-os a ver que, sim, talvez vocês tenham de ficar aqui por mais algum tempo, mas este não é o seu lar verdadeiro. Também não é o nosso lar verdadeiro. Ele nos encoraja a concentrar nosso coração e nossa mente naquilo que durará para sempre. Antes de cada decisão que você tomar, antes de sair de casa todos os dias, lembre-se de quem você é. Isso mudará a forma como você vive.

Se você fosse convidada ao Palácio de Buckingham para conhecer a rainha Elizabeth, como se prepararia? Tenho certeza de que compraria roupas novas e, talvez, um chapéu chique. Eu tive o privilégio de conhecer a família real no Palácio de Holyrood, em Edimburgo. Foi uma experiência maravilhosa, mas só durou um instante. Eu amo a rainha Elizabeth, mas ela é apenas uma monarca humana.

Você e eu somos filhas do Rei dos reis. Não somos convidadas a passar um momento em sua presença; podemos ficar ali para sempre. Isso me faz querer viver de modo diferente agora. Oro para que você tenha o mesmo desejo. Peço a Deus que você seja capaz de manter a cabeça erguida em qualquer circunstância. Não importa quem tenha tentado diminuí-la, desrespeitá-la, abandoná-la, essas coisas têm data de validade. Você tem um futuro no céu que ninguém pode tocar. Você é uma filha amada de Deus.

Todos se levantem

Existe uma cena muito comovente no seriado britânico *Victoria*. Victoria era muito jovem, tinha apenas dezoito anos quando se tornou rainha. Um de seus conselheiros disse-lhe que, no dia de sua coroação, eles tocariam "Aleluia" do oratório *Messias* de Handel. Ele explicou que era uma tradição, que todos ficariam de pé, mas, como ela teria acabado de ser coroada, deveria permanecer sentada. A coroação foi um evento magnífico, e, quando ressoaram as primeiras notas de "Aleluia", tocadas por uma orquestra de oitenta músicos e 157 cantores, toda a multidão reunida no Abadia de Westminster se levantou, inclusive a recém-coroada rainha da Inglaterra de dezoito anos de idade. É uma história verdadeira e um tributo a uma jovem rainha que reconheceu aquele que é maior do que ela. Como ela poderia ter ficado sentada?

Aleluia! Aleluia! Aleluia!
Aleluia! Aleluia! Aleluia!
Aleluia! Aleluia! Aleluia!
O Senhor Deus onipotente reina.
Aleluia! Aleluia! Aleluia! Aleluia!
Aleluia! Aleluia! Aleluia! Aleluia!

O reino deste mundo se tornou
o reino do nosso Senhor
e do seu Filho, e do seu Filho;
E ele reinará para todo o sempre,
E ele reinará para todo o sempre,
Para todo o sempre, para todo o sempre.

Rei dos reis e Senhor dos senhores,
Rei dos reis e Senhor dos senhores,
Rei dos reis e Senhor dos senhores,
E Senhor dos senhores.

E ele reinará para todo o sempre,
Rei dos reis! E Senhor dos senhores!
E ele reinará para todo o sempre,
Rei dos reis! E Senhor dos senhores!
Aleluia! Aleluia! Aleluia! Aleluia! Aleluia!

O que há num nome?

Entender o que significa estar assentado com Cristo muda a forma como oramos. Por estarmos *em Cristo* e orarmos *em seu nome*, oramos com a autoridade desse nome. Se de fato entendêssemos o peso da autoridade do nome de Cristo, isso não só mudaria a forma como oramos, mas também nos mudaria. Quando Cristo viu esse tipo de entendimento não num fiel judeu, mas num soldado romano, ele ficou maravilhado.

> Entrando Jesus em Cafarnaum, dirigiu-se a ele um centurião, pedindo-lhe ajuda. E disse: "Senhor, meu servo está em casa, paralítico, em terrível sofrimento." Jesus lhe disse: "Eu irei curá-lo." Respondeu o centurião: "Senhor, não mereço receber-te debaixo do meu teto. Mas dize apenas uma palavra, e o meu servo será curado. Pois eu também sou homem sujeito à autoridade e com soldados sob o meu comando. Digo a um: Vá, e ele vai; e a outro: Venha, e ele vem. Digo a meu servo: Faça isto, e ele faz." Ao ouvir isso, Jesus admirou-se e disse aos que o seguiam: "Digo-lhes a verdade: Não encontrei em Israel ninguém com tamanha fé" [...] Então Jesus disse ao centurião: "Vá! Como você creu, assim lhe acontecerá!" Na mesma hora o seu servo foi curado.
> (Mateus 8:5-10,13)

Esse oficial romano, responsável por cerca de cem soldados, era obviamente um homem de fé e conhecia o significado da autoridade. Ele era claramente um homem misericordioso, pois procurou Jesus porque um jovem servo estava doente. Ele sabia que havia poder no nome do Senhor: "Dize apenas uma palavra." Quando Cristo triunfou sobre a morte e a sepultura, houve uma grande transferência de poder. Como vimos no início deste capítulo, a versão bíblica *A Mensagem* expressa-o assim: "Ali [na cruz] ele desapossou todos os tiranos espirituais do Universo de sua autoridade falsa e os obrigou a marchar humilhados pelas ruas" (Colossenses 2:15).

Outra tradução (NVI) diz o seguinte: "E, tendo despojado os poderes e as autoridades, fez deles um espetáculo público, triunfando sobre eles na cruz."

Por causa de Jesus, nós vencemos. Vivemos numa cultura que cada vez mais desonra Deus, que tenta expulsar Deus das escolas e que zomba dele na televisão ou nos filmes, mas isso não vai durar para sempre. Uma de minhas passagens favoritas das Escrituras, o grande hino cristológico de Filipenses 2, lembra-nos de um dia que está chegando. Falando de Jesus, Paulo escreveu:

> [Ele,] embora sendo Deus, não considerou que o ser igual a Deus era algo a que devia apegar-se; mas esvaziou-se a si mesmo, vindo a ser servo, tornando-se semelhante aos homens. E, sendo encontrado em forma humana, humilhou-se a si mesmo e foi obediente até a morte, e morte de cruz! Por isso Deus o exaltou à mais alta posição e lhe deu o nome que está acima de todo nome, para que ao nome de Jesus se dobre todo joelho, nos céus, na terra e debaixo da terra, e toda língua confesse que Jesus Cristo é o Senhor, para a glória de Deus Pai. (Filipenses 2:6-11)

Certa vez, perguntei ao filho de uma amiga:
— O que significa orar "em nome de Jesus"?
Ele respondeu:
— Significa que já podemos abrir os olhos.

Amei sua resposta, mas, na verdade, orar em nome de Jesus significa muito mais do que o anúncio de que a oração chegou ao fim. Significa que viemos em sua justiça. Significa que oramos com sua autoridade. Significa que oramos com seu poder. Essa é uma notícia muito maravilhosa, porque, se você for igual a mim, tem dias bons e dias ruins. Existem dias em que me levanto cedo, então me reúno com Deus, adoro a Deus acompanhando a *playlist* no meu carro... e há aqueles outros dias. Você sabe como são aqueles dias. Acredito que a maioria de nós tenha dias assim.

A realidade de orar no nome de Jesus é que somos bem-vindas por causa de tudo o que Jesus fez, e não por causa de alguma coisa que nós fizemos. Temos um crachá de acesso total para a sala do trono de Deus por causa de Jesus. Viemos em nome dele. Somos bem-vindas em nome dele. Oramos no nome dele. Temos vitória no nome dele.

> A mulher de oração sabe que a batalha já foi vencida.

LEMBRETES DE ORAÇÃO

1. Ore lembrando que a oração é a arma preferida de Cristo.
2. Ore sabendo que você está contribuindo para a fragrância do céu.
3. Ore com a autoridade do poderoso nome de Jesus.

UMA ORAÇÃO PARA QUANDO VOCÊ ORA COM UMA POSTURA DE VITÓRIA

Pai,

É com ousadia que me aproximo do trono da graça e da misericórdia, em nome de Jesus. Eu sei que não tenho bondade própria, mas sou grata por estar coberta pelo sangue de Jesus. Sou grata por poder trazer para diante de ti todos os meus pedidos no nome dele. Sou grata por ser bem-vinda em seu nome. Sou grata por poder orar pela minha família com a autoridade do nome de Jesus. Sou grata por poder apresentar-te cada preocupação que tenho em nome de Jesus. Sou grata porque, quando tu olhas para mim, não vês o meu pecado; tu vês o sacrifício dele. Obrigada pelo lindo, maravilhoso e poderoso nome de Jesus. Amém.

Conclusão

Comecei este livro dizendo que Deus não espera palavras perfeitas ou pessoas perfeitas — ele deseja nossa presença diária em oração e adoração. Entendo isso agora mais profundamente do que nunca. Jamais serei perfeita, mas amo o fato de ser bem-vinda na presença de Deus do jeito que sou. E, mesmo sendo difícil entender a maravilha disso, sei que ele também ama a minha presença. Em oração, peço que você também possa conhecer essa verdade. Estou orando por você bem agora. Pedindo a Deus que ele comunique a você, de maneiras que minhas palavras não conseguem expressar, o quanto ele a ama, do jeito como está. Você não é mais bem-vinda quando está nos seus melhores dias e menos bem-vinda quando acha que estragou tudo. Ele a espera de braços abertos todos os dias. Essa imagem me faz sorrir e me leva de volta para o verão em que completei dezoito anos de idade.

No verão antes de partir para a faculdade, tornei-me voluntária num centro de idosos. Ajudei a preparar e a servir almoços e lanches da tarde. Joguei dominó e cartas, também ouvi inúmeras histórias de como costumava ser a nossa pequena cidade à beira-mar em "dias melhores", como diziam. Eu ri de piadas ruins e contei as minhas também. Era um grupo barulhento e alegre, mas havia um cavalheiro que sempre se sentava no canto, sozinho. Ele não conversava nem vinha à mesa para o almoço; então, depois que servíamos o almoço aos que estavam sentados à mesa, eu lhe servia o almoço numa bandeja.

Certo dia, decidi pegar uma cadeira e ficar sentada ao lado dele enquanto ele comia. O homem lançou-me um olhar desdenhoso e continuou comendo. Sentei-me ali todos os dias depois disso. Eu simplesmente ficava lá, em silêncio, enquanto ele comia. No décimo dia, ele começou a falar.

— Sou americano! — anunciou.

— Isso é incrível — eu disse. — Espero poder ir lá algum dia.

Ele se virou para mim com uma expressão de esperança no rosto e disse:

— Se algum dia você visitar Poughkeepsie, diga que o George mandou um oi!

Eu lhe prometi que faria isso, mesmo não sabendo o que era um "Poughkeepsie". Era uma família, um lugar? Eu não fazia ideia, mas resolvi descobrir.

Agora que George me havia confiado essa missão sagrada, ele se abriu e começou a almoçar à mesa todos os dias sob duas condições: ele seria o último a ser servido e queria que eu me sentasse ao lado dele.

O que ficou gravado em minha mente durante todos esses anos é como aquele homem calado e solitário transformou-se em alguém que, assim que eu passava pelas portas do Ayrshire Senior Center, gritava: "Você veio!" A alegria pura em seu rosto tocou meu coração profundamente. E, quando pousei em Poughkeepsie pela primeira vez (que, falando nisso, fica no estado de Nova York), eu gritei o mais alto possível: "George manda um oi!"

A alegria que iluminava o rosto de George não chega nem perto da alegria que Deus sente quando você passa pelas portas e entra na presença dele. Eu precisava pegar o ônibus e caminhar um quilômetro e meio todos os dias para chegar ao centro, mas você só precisa dizer: "Olá, Pai. Estou aqui." Não precisa esperar até sentir que se encontra numa situação melhor; você pode entrar na presença de Deus quando está feliz, triste, confusa, irritada, com medo ou seja lá o que estiver sentindo.

Há dias em que acordo com a gratidão em meus lábios; em outros, tenho a sensação avassaladora de que preciso da presença de Cristo para enfrentar o dia que me espera. Há manhãs em que acordo simplesmente apaixonada por Jesus, e há outras em que seu nome em meus lábios é um grito por sua presença. Meus dias, como os seus também, são diferentes, mas a constante em minha vida é que, não importa qual seja o meu grito, ele se dirige a Jesus. Isso é oração. Às vezes, colocamo-nos de joelhos em reverência. Às vezes, ficamos de pé com os braços levantados para o céu em louvor e adoração. Há dias em que nos prostramos com o rosto no tapete, lágrimas escorrendo pelo rosto, e há dias em que dançamos na chuva dizendo para Deus o quanto o amamos. Orar é estar com Cristo, é estar alinhado com as coisas que são importantes para ele, é lutar nas esferas espirituais pelos membros da nossa família e pelos nossos amigos, é descansar em sua presença.

Quando eu era uma cristã mais nova, a oração era um item constante em minha lista de afazeres. Era algo que eu podia riscar da lista, como escovar os dentes, caminhar com o cachorro, fazer minha cama. Não mais. Agora, meu companheiro mais próximo na vida é Cristo. Deixe-me explicar isso à luz dos relacionamentos significativos na minha vida, porque isso é importante. Barry e eu estamos casados há 26 anos. Passamos por altos e baixos, mas eu o amo mais agora do que naquela manhã de dezembro em 1994. Nosso filho Christian tem 24 anos. Foi uma alegria absoluta criá-lo, e nós temos um laço muito especial. No dia em que ele nasceu, algo nasceu também dentro de mim — o coração de uma mãe. Eu entregaria minha vida pelo meu filho. Sinto uma gratidão profunda também pela minha família, por minhas amigas mais próximas e pelo trabalho que posso fazer por meio da Life Outreach International. Todos esses relacionamentos dão alegria e muito sentido à minha vida, mas nenhum deles chega perto do meu relacionamento com Cristo. Os melhores relacionamentos humanos são falhos.

Quando Barry e eu nos casamos, muitas das nossas discussões aconteciam porque eu esperava que ele fosse tudo de que eu precisava, podendo eu articular ou não minhas expectativas. Eu pensava que ele deveria *saber*. Quando Christian foi para a faculdade, chorei por uma semana. Eu tinha muito orgulho dele e confiei-o a Deus, mas, de repente, ele estava lá fora, no mundo, sozinho. Eu não podia mais ficar acordada até ouvi-lo chegar em casa ou garantir que ele comesse algo antes de ir para a escola. Ele estava lá fora, em sua própria aventura maravilhosa. Algumas de minhas amigas mais próximas estão hoje em lugares diferentes. Nós costumávamos trabalhar juntas todos os fins de semana, e, agora, elas estão em caminhos novos e maravilhosos, e, às vezes, meu coração dói porque sinto falta de como as coisas costumavam ser no passado. Mas aí entra a notícia boa: a constante em minha vida é Jesus. Ele é meu companheiro mais próximo, o amor da minha vida. Eu converso com ele sobre tudo. E você pode fazer o mesmo.

Quando eu disse a Barry que estava pensando em participar do programa Vigilantes do Peso porque achava que não faria mal perder uns cinco quilos, ele disse com cara de inocente: "Só isso?" Em vez de bater nele com um peixe congelado, eu disse a Jesus: "Tu ouviste isso?", e ele ouviu. Quando Christian decidiu fazer mergulho e se tornar um mergulhador certificado, eu disse a Jesus: "E se algo der errado?", e ele disse: "Eu estarei ali." Quando uma amiga faz amizades novas e me sinto excluída, eu conto para Jesus, e ele diz: "Eu sei, mas sempre estarei com você."

Não estou tentando dizer que devemos deixar passar quando o marido diz algo que nos magoa, ou que devemos parar de nos preocupar com nossos filhos, ou deixar de sentir tristeza diante das perdas inevitáveis na vida — de forma alguma. O que estou dizendo é que temos aquele que está sempre conosco, aquele que sempre tem tempo para nós, que jamais nos abandonará. Cristo se importa com tudo que está acontecendo em sua vida neste momento, seja algo grande, seja algo pequeno. Esse é o presente para cada mulher de oração.

Então, quando não sabemos o que dizer, temos o seu nome: Jesus. Entramos na presença do nosso Pai, crendo que ele está ouvindo e nos esperando. Oramos, e oramos, e não desistimos, porque Jesus nos ensina a sermos incansáveis. Quando a vida é difícil, quando a dor é real, não paramos de orar, mas entramos em sua presença, sabendo que Jesus, nosso Sumo Sacerdote, está ali e entende. Nos dias, nas semanas, nos meses em que Deus parece calar-se e nada faz sentido para nós, confiamos nele, mesmo quando não entendemos seus caminhos. Usamos a Palavra de Deus como livro de oração para o nosso dia a dia e iniciamos cada dia totalmente revestidas da armadura de Deus, espada na mão. Em oração pedimos grandes avanços e somos gratas ao nosso Pai, pois, por causa de Jesus, a batalha já foi vencida.

Peço em oração que algum dia nos encontremos, mas, até lá, oro esta bênção sobre você, minha irmã:

> Àquele que é poderoso para impedi-los de cair e para apresentá-los diante da sua glória sem mácula e com grande alegria, ao único Deus, nosso Salvador, sejam glória, majestade, poder e autoridade, mediante Jesus Cristo, nosso Senhor, antes de todos os tempos, agora e para todo o sempre! Amém. (Judas 24-25)

Já chegamos tão longe, mas, em muitos sentidos, estamos apenas começando a entender o poder da oração. Estou ansiosa por ver o que Deus fará conforme avançamos juntas. Lembre-se: ele é o Deus do impossível!

Mulher de Oração

1. A mulher de oração sabe que pode começar por onde ela está.
2. A mulher de oração sabe que Deus a está ouvindo neste exato momento.
3. A mulher de oração nunca para de orar até receber a resposta de Deus.
4. A mulher de oração insiste em orar mesmo quando a vida é dura.
5. A mulher de oração ora quando está em sofrimento até que ele se torne sua autoridade.
6. A mulher de oração confia em Deus no silêncio e no não saber.
7. A mulher de oração não confia em sua própria força, mas no poder da Palavra de Deus.
8. A mulher de oração veste toda a armadura de Deus, confiando nas promessas dele.
9. A mulher de oração sabe que o maior avanço ocorre em seu próprio coração.
10. A mulher de oração sabe que a batalha já foi vencida.

Agradecimentos

Em primeiro lugar, agradeço a toda a família da Baker Publishing. Dwight Baker, você e sua equipe continuam a defender o rico legado do compromisso da Baker de edificar o corpo de Cristo por meio dos livros. É uma honra ser publicada por você.

Agradeço à minha maravilhosa editora, Rebekah Guzman. Sou grata por sua visão, por seu trabalho duro e criativo e por sua paciência com minha agenda maluca e com o fato de eu nunca me lembrar de como fazer minhas anotações finais!

Agradeço a Mark Rice e Eileen Hanson. Adoro trabalhar com os dois, e, quando vocês vêm até Dallas para jantar conosco, é maravilhoso. Vocês me fazem rir e me fazem pensar, e são muito bons naquilo que fazem.

Agradeço a Dave Lewis e a toda a maravilhosa equipe de vendas da Baker. Vocês têm o dom de entender a essência de uma mensagem e de defendê-la.

Agradeço a Brianna DeWitt e Olivia Peitsch. Vocês estão sempre buscando novas maneiras de espalhar a mensagem. Sou muito grata por vocês.

Agradeço a Patti Brinks por seu cuidado e sua direção artística criativa e por sua paciência infinita comigo. É um prazer trabalhar com você.

Agradeço a Meshali Mitchell. Você é muito mais do que uma fotógrafa. Você é uma artista e uma amiga.

Agradeço à minha maravilhosa agente literária Shannon Marven e a toda a equipe da Dupree Miller. Shannon, você é uma das pessoas mais talentosas que conheço. Lidera com graça e visão.

Agradeço a Caleb Peavy e à empresa Unmutable. Sou grata pela criatividade e pelo nível de excelência que vocês acrescentam a cada projeto.

Agradeço a James e Betty Robison a alegria de estar ao seu lado para compartilhar com um mundo danificado o amor de Deus por meio do *Life Today* e da Life Outreach International.

Quero dizer "obrigada" aos meus pequenos cachorros, Tink e Maggie, por sentarem aos meus pés pacientemente enquanto eu escrevia e pelas lambidas tão bem-vindas.

Ao meu marido Barry, um "obrigada" parece inadequado para expressar minha gratidão pelo tempo e pela energia criativa que você dedicou a este livro. Você me acompanhou e orou comigo a cada passo, ficando acordado até meia-noite para ler os capítulos em voz alta e preparar inúmeras xícaras de chá. Amo você e sou grata a Deus por você todos os dias.

Ao meu filho Christian. Suas mensagens e ligações pelo FaceTime, para me animar, significaram muito para mim. Adoro ser sua mãe.

Finalmente, Àquele a quem jamais encontrarei palavras para expressar minha gratidão. Obrigada, Deus, meu Pai, por me amar. Obrigada, Cristo, meu Salvador, por dar a vida por mim. E obrigada, Espírito Santo, pelo conforto e pela orientação. Pertenço a ti para sempre.

Notas

Capítulo 1

1   BELIEFNET. Is prayer your steering wheel or your spare tie? *Beliefnet, Inc.*. 2020. Disponível em: https://www.beliefnet.com/quotes/evangelical/c/corrie-ten-boom/is-prayer-your-steering-wheel-or-your-spare-tire.aspx. Acesso em: 22 maio 2020.

Capítulo 2

1   BARCLAY, W. *The gospel of Luke*. Edimburgo: St. Andrews Press, 1953. p. 224.
2   TOZER, A. W. *The pursuit of God*. Chicago: Moody, 1961. p. 13.
3   GOD'S WORD FIRST. All 613 commandments in the Old Testament law. *God's Word First International Biblical Research*. 2010. Disponível em: http://gods-word-first.org/bible-study/613commandments.html. Acesso em: 22 maio 2020.

Capítulo 3

1   REES, W. Here is love vast as the ocean. *Hymnary.org*, [18--?]. Disponível em: https://hymnary.org/text/here_is_love_vast_as_the_ocean. Acesso em: 22 maio 2020.

Capítulo 4

1   BARCLAY, W. *The gospel of Mark*. ed. rev. Louisville, KY: Westminster John Knox, 1975. p. 324.
2   HAYES, D. Prayer is valuable to God. *Cru*. 2010. Disponível em: https://www.cru.org/us/en/blog/spiritual-growth/prayer/seven-reasons-to-pray.7.html. Acesso em: 22 maio 2020.
3   LEWIS, C. S. *As crônicas de Nárnia:* o sobrinho do mago. Tradução de Paulo Mendes Campos. São Paulo: Martins Fontes, 2002. p. 55-56.

Capítulo 5

1   ELLIS, C. "God's almighty kindness and love": Joni Eareckson Tada shares good news after hospital scare. *CBN News*, 12 abr. 2019. Disponível em: https://www1.cbn.com/cbnnews/us/2019/april/gods-almighty-kindness-and-love-joni-eareckson-tada-shares-good-news-after-hospital-scare. Acesso em: 22 maio 2020.

Capítulo 6

1   Citação do reverendo T. G. Ragland em: MACDONALD, W. *Believer's Bible commentary*. Nashville: Nelson, 1989. p. 1538.

Capítulo 7

1   SHAKESPEARE, W. *A megera domada*. eBooksBrasil.org, jun. 2000. (ato 5, cena 2, versos 136-138)
2   KANDT, B. Augustine and the psalms. *PrayPsalms.org*, 28 ago. 2017. Disponível em: https://praypsalms.org/saint-augustine-the-psalms-f-2c7edf146d8. Acesso em: 22 maio 2020.
3   AMBROSE. Delightful book of the psalms. *Crossroads Initiative*, 15 jun. 2017. Disponível em: https://www.crossroadsinitiative.com/media/articles/delightfulbookofthepsalms/. Acesso em: 22 maio 2020.
4   ATHANASIUS. Praying the psalms. *The Prayer Foundation*, 2001. Disponível em: http://www.prayerfoundation.org/athanasiuspraying-thepsalms.htm. Acesso em: 22 maio 2020.
5   TADA, J. E. Speaking God's language: *how Scripture can add power to your prayers*. Redeemer Churches and Ministries. 2006. Disponível em: https://www.redeemer.com/learn/prayer/prayer_and_fasting/

speaking_gods_language_how_scripture_can_add_power_to_your_prayers. Acesso em: 22 maio 2020.
6   BRUEGGEMANN, W. *Praying the psalms*. Eugene, OR: Wipf & Stock, 2007. p. 1.
7   PETERSON, E. *The psalms as tools for prayer*. São Francisco: Harper & Row, 1989. p. 14.
8   WHITNEY, D. *Praying the Bible*. Wheaton: Crossway, 2015. p. 46.
9   BONHOEFFER, D. *Life together*. Nova York: Harper & Row, 1954. p. 45-46.

Capítulo 8

1   LEWIS, C. S. *Cartas de um diabo a seu aprendiz*. Rio de Janeiro: Thomas Nelson Brasil, 2017. p. 33.
2   FOSTER, R. *Spiritual classics*. Nova York: HarperCollins, 2000. p. 48.

Capítulo 9

1   WIERSBE, W. *The Wiersbe Bible commentary* OT. Colorado Springs: David C. Cook, 2017. p. 1344.
2   WIERSBE, op. cit., p. 1.381.

Capítulo 10

1   HAYES, D. A prerequisite to spiritual awakening. *Cru*, [20--?]. Disponível em: https://www.cru.org/us/en/blog/spiritual-growth/prayer/seven-reasons-to-pray.6.html. Acesso em: 22 maio 2020.
2   HAYES, D. Prayer is valuable to God. *Cru*, [20--?]. Disponível em: https://www.cru.org/us/en/blog/spiritual-growth/prayer/seven-reasons-to-pray.7.html. Acesso em: 22 maio 2020.

Este livro foi impresso pela Edigráfica, em 2021, para a Thomas Nelson Brasil. O papel do miolo é pólen soft 70 g/m², e o da capa, cartão 250 g/m².